D1618795

David Boadella

BIOSYNTHESE - THERAPIE

Grundlagen einer neuen Körper- Psychotherapie
Herausgeber: Christof Kreimeyer

1989

TRANS FORM - Verlag 1989

Die Originalausgabe erschien unter dem Titel:
"What is Biosynthesis?" in: Energy and Character-
Journal of Biosynthesis 17,2,1986
Copyright © 1986 by David Boadella- Abbotsbury
Publications, London

CIP - Titelaufnahme der Deutschen Bibliothek

Boadella, David:
Biosynthese - Therapie: Grundlagen einer neuen
Körper - Psychotherapie / David Boadella.
[Hrsg. von Christof Kreimeyer.
Übers. aus d. Engl. von George Brown & Christof Kreimeyer].
- 1.Aufl. - Oldenburg: Transform-Verl., 1989
Einheitssacht.: What is Biosynthesis <dt.>
Übers. aus: Energy and character; 1986
ISBN 3-926692-00-6

1. Auflage 1989
Oldenburg: Transform 1989
©1989 by Transform Verlag, Werner Lange
Postfach 4709, 2900 Oldenburg
Hrsg.: Christof Kreimeyer. Übers. aus d. Engl. von
George Brown & Christof Kreimeyer
Printed in Germany. Alle Rechte vorbehalten
Druck: Roder Druck, Bremen
Grafik,Satz & Layout: DesignBüro, Oldenburg

ISBN 3-926692-00-6

Inhalt

Therapie ist ein Tanz zwischen Körper und Seele,
zwischen Energie und Essenz,
zwischen innerem Grund und äußerem Grund.

Arbeit mit der Essenz des Menschen bringt Licht,
Arbeit mit der Energie verbindet uns mit der Erde.

Daher ist therapeutische Arbeit erdlichte Arbeit

David Boadella, 1984

1. Historischer Hintergrund und Entwicklung

Die Biosynthese ist eine somatische Psychotherapie, die ich in den frühen siebziger Jahren entwickelte. Meine Methode entstand aus einer langjährigen Erfahrung mit der Reich'schen Therapie. Es ist daher erforderlich, ein paar kurze Bemerkungen zu *Wilhelm Reich* zu machen.

Reich arbeitete als Psychoanalytiker mit *Freud* in Wien in den zwanziger Jahren. Er erhielt die frühere Arbeit Freuds und *Breuers* am Leben, die sich auf die Ökonomie der Energie der Neurose, sowie auf die Freisetzung der Ausdrucksfähigkeit von Emotionen konzentrierte. Reich entwickelte seine Methode der Charakteranalyse in Wien und Berlin, eine Methode, die den Charakter als Abwehrmechanismus gegen Bedrohungen der primären Bedürfnisse des Menschen sah. Einige Jahre später in Kopenhagen und Oslo entwickelte Reich die Methode der „Vegetotherapie", die die somatischen Wurzeln des Charakterwiderstandes, der sich in Form eines komplexen Systems von Muskelverspannungen zeigt, ansprach. Dieses System nannte Reich „Panzerung". Die Neurose war in diesen Verspannungen und in damit zusammenhängenden Störungen des Atemrhythmus physiologisch verändert. Reich erkannte als Ausdruck einer Stauung der Libido die Stauung der Sexualenergie , die zu einer verminderten Fähigkeit zu tiefem Kontakt und Befriedigung im Orgasmus führt. Die Vegetotherapie verwendete als therapeutische Methode die direkte Berührung sowie Ausdrucksbewegungen, um in der Muskelpanzerung verschlossene und verdrängte Regungen freizusetzen. Dem Klienten wurde geholfen, die Funktion des Pulsierens in seinem Gewebe und Ausdruck wiederzugewinnen. Bei Auflösung der Muskelpanzerung trat diese Funktion spontan wieder hervor.

Ich selbst erhielt meine Therapie von *Paul Ritter* in Nottingham zwischen 1952 und 1957 und schloß danach eine weitere Ausbildung in der Vegetotherapie bei *Ola Raknes*, dem bedeutendsten Reich'schen Therapeuten in Norwegen, ab.

In den späten sechziger Jahren entstanden zwei voneinander unabhängige Entwicklungen aus der Reich'schen Tradition und verwurzelten sich in London. Die erste Entwicklung war die biodynamische Psychologie, eine Methode, die von *Gerda Boyesen* in Oslo entwickelt wurde und die verschiedene Formen der Massage anwendete, um blockierte Energie freizusetzen. Als sie 1969 von Oslo nach London übersiedelte, organisierte ich ihre ersten professionellen Seminare, veröffentlichte ihre theoretischen Schriften und leitete mehrere Dutzend Gruppen für Therapeuten in der Ausbildung am BOYESEN INSTITUTE OF BIODYNAMIC PSYCHOLOGY.

Die zweite Entwicklung war die Bioenergetische Analyse, die von *Alexander Lowen* und *John Pierrakos* in New York entwickelt wurde.

Im Jahre 1968 half ich Lowens ersten europäischen Workshop zu organisieren. Zwei Jahre später gründete ich „Energy and Character The Journal of Bioenergetic Research" (seit 1982 „The Journal of Biosynthesis") und Lowen lud mich als Gastredner zu seiner ersten internationalen Konferenz in Mexiko im Jahre 1971 ein. Mein Journal veröffentlichte seitdem Artikel von allen führenden Therapeuten, die über Bioenergetik schrieben. Seitdem arbeitete ich als Gast-Ausbilder in ca. einem Dutzend Ausbildungsprogrammen für Bioenergetik.

Einen starken Einfluß auf meine Therapiemethode hatten nicht nur Reich und dessen Nachfolger, sondern auch verschiedene andere Fachkundige, die die tiefe Bedeutung der Einsichten aus der Embryologie sowie aus der Untersuchung des Lebens im Mutterleib für das Verständnis von Gesundheit und Krankheit betonten.

Allen voran war *Stanley Keleman*, der Leiter des CENTER FOR ENERGETIC STUDIES in Berkeley.

Nicht nur am INSTITUTE FOR BIOENERGETIC ANALYSIS, wo er als Hauptausbilder arbeitet, sondern auch am CENTER FOR RELIGIOUS STUDIES (heute EXISTENTIALPSYCHOLOGISCHE BILDUNGSSTÄTTE RÜTTE/ SCHWARZWALD) unter der Leitung von *Karlfried Graf Dürckheim* in Deutschland sowie bei *Nina Bull*, Leiterin des „RESEARCH FOR MOTOR ATTITUDES" am College of Physicians and Surgeons an der Columbia Universität in New York, hat Keleman seine breite und reichhaltige Erfahrung gesammelt. Keleman lehrte mich, die Ausdrucksqualitäten eines Menschen zu lesen, die zentrale Bedeutung des formativen Prozesses, und wie man beginnt, die emotionale Anatomie des Körpers zu verstehen.

Der Begriff „Biosynthese" wurde zuerst von *Francis Mott*, einem englischen Analytiker, dessen psychologisches Konzept in Tiefenstudien des Lebens wurzelte (Configurational Psychology), verwendet. Mott war Patient von *Nandor Fodor*, der seinerseits Patient von *Otto Rank* war. In einem Gespräch zwischen Mott und *R. Assagioli* (Begründer der Psychosynthese-Therapie), sprach Mott davon , daß seine Arbeit eine Bio-Synthese darstelle, da sie sich mit den organischen Wurzeln des Lebensprozesses im embryonalen Dasein befaßt. Trotz dieser Aussage arbeitete Mott ausschließlich psychologisch, sein Hauptwerkzeug war die Traumdeutung.

Motts Arbeit wurde durch die Forschung *Frank Lakes* in England über die pränatale Psychologie sowie über die primäre Integration beträchtlich erweitert und weiterentwickelt. Frank Lake praktizierte eine Form tiefreichender Regressionstherapie, die er in den fünfziger Jahren in England entwickelte, zunächst unter Verwendung von LSD, danach jedoch mit größerer Effektivität durch Tiefenatmung. Lake war Therapeut in der Tradition der Methode der „Objekt-Beziehungs-Schule" Englands (BRITISH OBJECT-RELATIONS SCHOOL), vertreten durch *J.D.Fairbairn* und *Harry Guntrip*.

Ich führte die dynamische Methode Lakes in London ein und erkannte allmählich, daß meine Therapiemethode eine Zusammenführung dreier verschiedener Traditionen darstellte, die auf Freud zurückgingen:

Die eine Methode ging über W.Reich, A.Lowen und G.Boyesen und konzentrierte sich auf den Fluß der Libidoenergie; eine Tradition entstand bei O.Rank, führte über F.Mott und legte ihren Schwerpunkt auf pränatales Erleben; und eine kam von *M.Klein*, der Objektbeziehungs-Therapeutin sowie F.Lake und beschäftigte sich mit der Beziehung zwischen Mutter und Säugling.

Die Integration dieser Methoden habe ich zum ersten Mal in einem Vortrag mit dem Titel „Stress and Character Structures" vorgestellt, den ich am TAVISTOCK INSTITUTE FOR HUMAN RELATIONS im Januar 1974 in London hielt.

Nach dem Tod Motts verwendete ich den Begriff Biosynthese zur Bezeichnung meiner besonderen Therapie und zu deren Unterscheidung sowohl von der Bioenergetik als auch von der Biodynamischen Psychologie. Das Wort Biosynthese bedeutet Integration des Lebens. Ich sah mich auserwählt, das Zusammenfließen dreier Strömungen der Libido zu beschreiben, die sich in den frühen Wochen des embryonalen Lebens trennen, die in neurotischen Zuständen ständig gespalten sind und deren vollständiges Zusammenwirken für die somatische und die psychische Gesundheit nachweislich unerläßlich sind. Diese Konzepte werden später im Text ausführlicher beschrieben.

1976 wurde ich zum Direktor des neu gegründeten INSTITUTE FOR THE DEVELOPMENT OF HUMAN POTENTIAL in London berufen, das von *David Blagden-Marks,* dem Leiter des ersten European Growth Centre, ins Leben gerufen worden war. Hier lehrte ich 6 Jahre lang die Prinzipien der therapeutischen Integration. Im Jahre 1982 bildete ich das ZENTRUM FÜR BIOSYNTHESE zur Koordinierung eines Netzes von Ausbildungsgruppen, das sich nach seiner Entstehung in Großbritannien auf weitere 30 Länder in Europa, Nord- und Südamerika, Japan und Australien ausgeweitet hatte.

Die Biosynthese ist ein offenes und kein geschlossenes System. Somit stellt sie keine endgültige oder festgelegte Theorie oder Methode dar, sondern ein ständig sich entwickelndes Netz von Konzepten und Praktiken, die aus vielen Quellen geschöpft und in eine höhere Ebene der Ordnung integriert werden. Wie ein ökologisches System gedeiht es an der Vielfalt, und doch wird es durch den Zusammenhang und das kooperative Wechselspiel zwischen seiner Methodik und seinen Prinzipien vereinheitlicht.

2.Theoretische Voraussetzungen

2.1. Das Bild der Person

Das Wort Person entstammt dem Griechischen „persona". Die Persona war eine Maske, hinter der sich das Gesicht des Individuums verbarg. Es konnte zwar nicht gesehen, seine Stimme aber gehört werden. Es wurde durch Klang, persona, erkannt.

Von Reich erbte die Biosynthese die Ansicht, daß eine Person auf drei Ebenen der existentiellen Tiefe begriffen werden kann. An der Oberfläche sehen wir die Maske: eine Schutzpanzerung von Charaktereigenschaften, die als Abwehr gegen Bedrohungen der Integrität des Individuums in der Kindheit oder früher gebildet wurde. Auf die Art dieser Bedrohung wird gleich eingegangen.

Die Charakterschutzmechanismen stellen ein falsches Selbst dar, daß das wahre, im Säuglingsalter bedrohte Selbst versteckt. Fangen die Charakterschutzmechanismen an, aufzubrechen, so

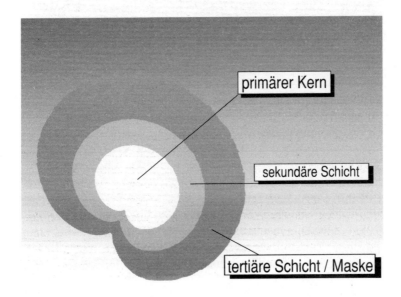

primärer Kern

sekundäre Schicht

tertiäre Schicht / Maske

11

kommt eine sekundäre Schicht der schmerzhaften Gefühle einschließlich der Wut, der Angst und der Verzweiflung zum Vorschein. Unter dieser Schicht liegt eine primäre Schicht der Kerngefühle des Wohlbehagens, der Liebe und des fundamentalen Selbstbewußtseins. Die Frustrierung dieser Schicht ruft die sekundäre bedrängte Schicht hervor; und die Verdrängung der Bedrängnis und des Protests führt wiederum zur Entstehung der Maske.

Die Charakterschutzmechanismen ermöglichen eine Typisierung der Menschen nach dem Muster ihrer Abwehrmechanismen. In der Biosynthese interessieren wir uns weit mehr für das Abwehrsystem als eine Form der Überlebensstrategie. Dem Widerstand gebührt wegen seiner lebensbeschützenden Funktion Respekt und die einzigartigen Qualitäten des Individuums, die in den Abwehrmustern enthalten sind und durch diese dargestellt werden, müssen anerkannt, ausgelöst und ausgewertet werden. Die Einzigartigkeit eines Menschen ist in seinem physischen Körper begründet und in seinem Gewebe verkörpert. So spiegeln sich die Qualitäten des persönlichen Lebens in der Qualität des Muskeltonus, des Gesichtsausdrucks, in Atmungsrhythmen sowie in der Organisation der Erregung wieder. Der Therapeut sieht Menschen, deren Körper von den restriktiven Bildern geprägt wurden, die sie über die Verinnerlichung der Anforderungen der Umwelt in sich aufgenommen haben. Einen Menschen klar zu sehen heißt, durch diese im Charakter eingekapselten restriktiven Bilder hindurchzuschauen und über die durch die Muskelpanzerung hervorgerufenen einschnürenden Zustände hinauszusehen.

Aus der Sicht der Biosynthese kann ein Mensch nicht auf den Grund des physischen Körpers reduziert werden. Die jüngsten Forschungsergebnisse haben die alten Lehren bestätigt, nach der wir einen Energiekörper besitzen, der über den physischen Körper hinausgeht und ihn umfaßt. In der Sowjetunion wird dieser Energiekörper „Bioplasma" und in der Arbeit des brasilianischen Biophysikers *Hernani Andrade* „perispirit" genannt. In der mystischen Tradition entspricht er der „Aura".

Die Biosynthese kennt zwei Daseinsarten, die somatische und die transsomatische und versucht, sie so miteinander in Beziehung zu bringen, daß sich der Mensch in beiden Welten zu Hause fühlt. Die Betonung der organischen Form und der somatischen Lebendigkeit als Ausdruck der Einzigartigkeit eines Menschen wird durch die Erkenntnis ergänzt, daß es sich hierbei um die Verkörperung von Qualitäten einer Essenz handelt, die möglicherweise sowohl die Geburt als auch den Tod transzendiert. In der Biosynthese bezeichnen wir diese transpersonale Dimension als den inneren Grund eines Menschen. Ein großer Teil der therapeutischen Arbeit besteht darin, dem Menschen zu helfen, diesen inneren Grund im äußeren Leben darzuleben sowie durch eine Vertiefung des Kontakts mit dem reichhaltigen Leben des Körpers eine wahre Form seiner Innenwelt zu entdecken.

2.2 Psychische Gesundheit - psychische Störung

Da wir in der Biosynthese von der Einheit zwischen Körper, Geist und Seele (oder Essenz) ausgehen, ist es nicht möglich, die psychische Gesundheit getrennt von der körperlichen und spirituellen Gesundheit zu betrachten.

Die Gesundheit gründet in einer rhythmischen Wellenfunktion, einem Pulsieren freudiger und lustvoller Lebensaktivität. Dieses Pulsieren ist im Bioplasma zu beobachten:

„In einem lebendigen und sich verströmenden Menschen glühen und pulsieren die Energiezentren; diese strahlen Licht aus und sind für die im Organismus metabolisierte Energiemenge unverzichtbar.

Es handelt sich um eine pulsierende Energiekonfiguration, die viele Farben und Farbvariationen aufweist und die schimmert und vibriert und mit dem Leben pulsiert." (J. Pierrakos)

Die Ausdehnung und Zusammenziehung des Energiefeldes entspricht dem Vorgang des An- und Abschwellens des Körpergewebes. Das Pulsieren der zerebrospinalen Flüssigkeit , die wellenähnlichen Vorgänge des Atmens sowie die An- und Entspannung der Muskel sind alle Ausdruck der Grundschwingung des ungestörten Lebensprozesses. Folgende Aspekte wurden , basierend auf einem Artikel von *Ola Raknes*, entwickelt und sollen nachfolgend vorgestellt werden:

Somatische Aspekte der Gesundheit:

1. Die Atmung ist regelmäßig und rhythmisch bei freier und leichter Bewegung des Brustkorbs. Die Peristaltik im Abdomen ist weder spastisch noch schlaff, sondern funktioniert aus einem Gefühl des inneren Wohlbehagens heraus.

2. Der Organismus weist guten Tonus (Eutonie) auf. Die Muskeln können sich zwischen einem Zustand der An- und Entspannung leicht bewegen, ohne chronische Verspannung bzw. Erschlaffung. Der Blutdruck ist normal und die Venenpumpe in den Beinen funktioniert gut.

3. Die Haut ist warm und gut durchblutet. Das Gesicht ist lebendig und beweglich. Die Stimme ist ausdruckskräftig und nicht mechanisch. Die Augen sind kontaktfreudig und leuchtend.

4. Der Orgasmus ist ein rhythmisches, unwillkürliches Pulsieren, das mit Befriedigung und dem Gefühl der Liebe zum Partner einhergeht. Sexuelle Gefühle und Herzensgefühle können für denselben Menschen empfunden werden.

Psychische Aspekte der Gesundheit:

1. Die Fähigkeit, den äußeren Ausdruck zum inneren Bedürfnis in Beziehung zu setzen, aus den primären Lebensbedürfnissen heraus zu funktionieren und diese von den sekundären Süchten unterscheiden zu können.

2. Die Fähigkeit, mit einem anderen Menschen Kontakt aufzunehmen und zwar ohne Idealisierung, Projektion oder andere verschleiernde Schutzmechanismen. Die Fähigkeit, zwischen echtem und Ersatzkontakt zu unterscheiden und ersteres zu schätzen und zu kultivieren.

3. Die Fähigkeit, Gefühle zurückzuhalten und zum Ausdruck zu bringen und sich entscheiden zu können, wann die Zurückhaltung bzw. der Ausdruck von Gefühlen angebracht ist.

4. Angstfreiheit, wenn keine Gefahr vorhanden ist.

5. Der Mut, sich für das, was man für richtig hält, einzusetzen; auch dann, wenn eine Gefahr besteht.

Die geistigen Aspekte der Gesundheit:

1. Verbindung zu tiefen persönlichen Quellen der Wertvorstellung, die einem das Gefühl der Kontinuität und der Sinnhaftigkeit vermitteln.

2. Die existentielle Kraft, mit Lebenskrisen fertig zu werden, ohne sich in der Verzweiflung zu verfangen.

3. Das Gefühl, daß es sich beim Leben um einen Prozeß des immer tiefer werdenden Respekts vor dem eigenen Herzen und dem Anderer handelt.

4. Freiheit von neurotischen Schuldgefühlen und die Bereitschaft, sich mit echter Selbstverantwortung auseinanderzusetzen.

Wenn das die Eigenschaften der Gesundheit sind , so besteht die Störung im Verlust dieser Eigenschaften. In der Aura zeigt sich dies als eine verminderte Leuchtkraft und als eine Schwerfälligkeit oder frenetische Hyperaktivität in der Schwingungsqualität des Feldes. Die Biosynthese unterscheidet drei verschiedene Formen der Panzerung.

1. Die viszerale Panzerung:
Es handelt sich um einen Zusammenbruch bzw. Dysfunktion der Peristaltik und/oder der Atmung. Es zeigt sich eine Tendenz zu chronischer Hyperventilation (zu starke Atmung) bzw. Hypoventilation (zu schwache Atmung) sowie zu einem geschlossenen System im Abdomen (Reizdarm-Syndrom). In der Extremform können sich diese Funktionsstörungen als eine Disposition zu Asthma oder Colitis ausdrücken.

2. Muskel- und Gewebepanzerung:

Der Muskeltonus kann in zweierlei Richtung gestört sein: Hypotonus (Schwäche, Mangel an energetischer Ladung) bzw. Hypertonus (Verspanntheit, energetische Überladung). Die Gewebepanzerung steht in Beziehung zur Disposition zur Ansammlung von Flüssigkeit im Gewebe sowie zur Effektivität der Venenpumpe, die bei Funktionsträgheit zu einer Reihe von Störungen der Flüssigkeitsverteilung führen kann, die in der Arbeit von *John Olesen* ausführlich beschrieben wurde (J. Olesen, The Vein Pump in Sickness and Health). In den Extremformen ist die Tendenz zu rheumatischen Schmerzen oder zu kardiovaskulären Krankheiten (hoher Blutdruck, Herzüberlastung) zu beobachten.

3. Gehirnpanzerung:

Diese kann sich in Form von gestörten zerebrospinalen Rhythmen, als Störungen der bioelektrischen Ladungsprozesse im Gehirn (der transzephale Strom) oder aber als Störung des Flusses der Gehirnhormone zeigen. Sie kann sich auch als Störung des Sehvermögens und des Augenkontaktes auswirken. Die Tendenz zu zwanghaftem Denken oder zu schizophrenen Denkstörungen wäre ein schwerwiegender Ausdruck der Gehirnpanzerung.

Hierbei besteht die Gefahr, die Menschen in zwei Gruppen aufteilen zu wollen: in Schafe und Ziegen; die Gesunden, die keine Therapie brauchen und die Kranken, die sie brauchen.

Realistischer ist es, Gesundheit als ein Spektrum zu betrachten und die Fähigkeit zu neurotischen Reaktionen bei sogenannten Gesunden sowie die Fähigkeit zur Gesundheit bei sogar schwer gestörten Menschen anzuerkennen. In der Tat hängt jeglicher Fortschritt in der Therapie davon ab, daß der Therapeut die verborgenen Gesundheitsreserven in seinem Klienten anzapft.

2.3. Die Entstehung von Störungen

Ob wir mit Freud den Ursprung der Neurose in der ödipalen Phase, mit *M.Klein* im ersten Lebensjahr oder mit *F.Lake* und *F.Mott* in der pränatalen Phase suchen, der Konflikt zwischen menschlichen Bedürfnissen und dem „Zivilisations"Prozeß wirkt sich in der

Auflösung der Einheit des Organismus aus. Dieser Verlust der Einheit wirkt sich wiederum auf das Maß der funktionalen Integration der drei Keimzellschichten im Körper aus. Im Fötus entstehen diese in den ersten zwei Lebenswochen als Innenseite (**Entoderm**), Außenseite (**Ektoderm**) und die ersten beiden verbindende mittlere Schicht (**Mesoderm**) der sich entwickelnden Zellenmasse. Sowohl im Körper des Kindes als auch des Erwachsenen beobachten wir den Verlust der Verbundenheit zwischen den wichtigsten Organgruppen, die diesen drei Keimzellschichten entsprechen:

Entoderm: Verdauungsorgane und Lunge
Mesoderm: Knochen, Muskelgewebe und Blut
Ektoderm: Haut, Sinnesorgane, Gehirn und Nerven

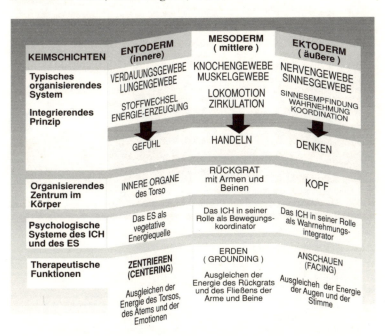

Die Spaltung wirkt sich darin aus, daß das Handeln vom Denken und Fühlen, die Emotion von der Bewegung und der Wahrnehmung und das Verstehen von der Bewegung und vom Fühlen abgeschnitten wird.

Solche Funktionsstörungen konzentrieren sich hauptsächlich an bestimmten Körperstellen:
- zwischen Kopf und Rückgrat, im Genick,
- zwischen Kopf und Torso, in der Kehle,
- zwischen dem Rückgrat und den inneren Organen des Torsos sowie am Zwerchfell.

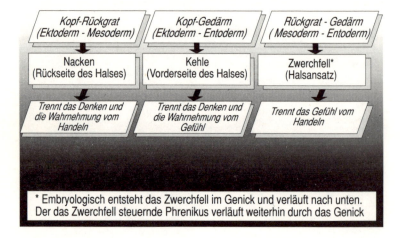

Diese drei Stellen entsprechen den drei wichtigsten Phasen im Reifungszyklus in der Entwicklung des Kleinkindes:

Der Druck des Geburtsvorganges wird am stärksten im Nacken und über der Stirn erlebt. Er kann die Verbindung zwischen Kopf und Körper unterbrechen.

Probleme der Oralen- bzw. der Entwöhnungsphase belasten die Kehle und führen zu eine Verwechselung zwischen Atmen und Saugen.

Anale und genitale Verdrängung äußert sich durch die Verspannung des Zwerchfells, der natürlichen Brücke zwischen Atmung und Bewegung.

Im Leben des Fötus sind drei Affektarten zu unterscheiden. Sie äußern sich in pulsierenden Wellen der Empfindung, die durch verschiedene Körperteile fließen. Bei der ersten dieser Strömung handelt es sich um den Fluß **umbilikaler Affekt** von der Plazenta durch die Nabelschnur zur Mitte des Körpers. Genießt die Mutter ihre Schwangerschaft und ist sie dabei seelisch zufrieden, so überträgt sich ihr Wohlsein auf das Kind. Über die Nabelschnur kann der Fötus vor der Geburt zudem auch durch stark negative seelische Zustände der Mutter beeinflußt werden. Der negative mütterliche Affekt kann über die Bluthormone übertragen werden. Zudem kann auch der vom Mutterleib mitgebrachte **fötale Affekt** auch die Berührung der Haut, der Augen und der Ohren des Säuglings in der ersten Zeit nach der Geburt zur Entstehung grundlegender Muster der Unter- bzw. Überempfindlichkeit führen.

Die Beeinflußung der Körperhaltung und -Bewegung kann zu Störungen des Bewegungsempfinden sowie zur Entstehung verschiedener Muster der Schreckhaftigkeit (startle reflex-pattern) führen.

Die verschiedenen in der Psychoanalyse und Bioenergetik beschriebenen Charaktertypen können als erlernte Funktionen angesehen werden, durch die der Mensch versucht, mit diesen frühen Belastungen fertig zu werden. Insbesondere drei Funktionen können zur Unterscheidung der von einem Menschen angewandten Art von Abwehrmechanismus dienen.

Die erste Funktion steht mit der Gesamtmenge der zum Selbstschutz zur Verfügung stehenden Energie in Beziehung. Wir können eine Polarität in der Quantität und der Qualität der zur Verfügung stehenden Ladung beobachten, die mit der Atmung eines Menschen in Beziehung steht. Eine Überladung äußert sich als die Tendenz zum Kämpfer bzw. überreagieren in Streß-Situationen sowie in der Tendenz, diese Ladung entweder zu unterdrücken oder explosiv zu entladen. Eine Unterladung führt dazu, daß in bedrohlichen Situationen eher passiv und resigniert reagiert wird. Wir haben es zum Teil mit einer natürlichen Polarität des Nervensystems und zum Teil mit durch die Erziehung hervorgerufenen Reaktionsmustern zu tun. So kann ein Kind zum Zweck der Erhöhung der Ladungsstärke einer Überreizung ausgesetzt werden, oder aber das Kind kann in einer Umgebung der Überreizung erzogen werden, die es nur wenig herausfordert. *Hans Selye* hat gezeigt, daß ein gewisses Maß an Streß (Herausforderung) für eine gesunde Entwicklung notwendig ist und daß Über- bzw. Unterladung Anzeichen für zu viel bzw. zu wenig Streß sind.

Bei der zweiten Funktion handelt es sich um das Ausmaß der Erdung eines Menschen, der mit dem Zustand des Muskeltonus in Beziehung steht. Menschen mit einem starken Ich, das defensiv eingesetzt wird, entwickeln verschiedene Formen der Rigidität (Starrheit), die den Körper als verspannt erscheinen läßt. Solche Menschen neigen zu Zwanghaftigkeit und zur Fixierung auf die äußerliche Realität, mit einem besonderen Hang zu harter Arbeit. Hat die Muskulatur zu wenig Spannung, so fühlt sich der Mensch ungeerdet. Es wird ihm schwerer fallen, sich an die äußere Welt anzupassen und er neigt dazu, sich mehr in die innere Welt zurückzuziehen. Extreme Formen des Ungeerdetseins äußern sich in der Tendenz zur Entwicklung psychotischer Verhaltensweisen in verschiedenen Formen, die an dieser Stelle nicht näher erläutert werden sollen.

Bei der dritten Form geht es um den Erkenntnis- und Wahrnehmungsstil. Lineares und logisches Denken verlangt von uns, daß wir unsere geistige Energie verstärkt bündeln und sie wie einen Scheinwerfer einsetzen, um ein bestimmtes Problem zu erhellen und alles andere auszuschließen. In extremen Formen entwickelt sich hieraus eine Art Tunnelperspektive. Das Gegenteil davon ist eine eher symbolische Art des Denkens, bei der Metaphern die freie Assoziation und das Bild im Vordergrund stehen. Dieser Denkstil ist eher schwebend-fließend und unfokussiert.

Aus dem Wechselspiel der unterschiedlichen polaren Extreme der emotionalen Ladung, des Muskeltonus und der geistigen Fokussierung, bei dem drei verschiedene Komponenten des Nervsystems beteiligt sind, ergeben sich acht Grundtypen der Persönlichkeit.

Frank Lake hat gezeigt, wie ein Mensch dazu gebracht werden kann, von einem Reaktionspol auf den anderen umzuschalten und zwar in dem Maße, wie die Intensität seines „transmarginalen Stresses" steigt.

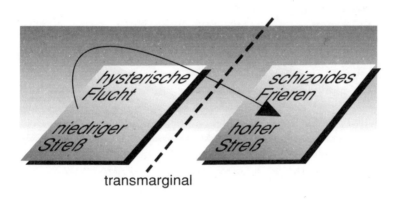

Dies können wir z.B. bei der Reaktion auf Kälte beobachten: bei einer bestimmten Intensität der Kälte mag der Mensch vielleicht zittern oder sich ständig bewegen, um sich zu wärmen; d.h. die Reaktion äußert sich in Bewegung. Doch bei stärkerer Kälte mag er vielleicht den Wärmeverlust dadurch verringern, daß er sich unter eine Decke kuschelt und seine Bewegung verringert. Auf ähnliche Art und Weise reagiert ein Mensch auf Gefühlskälte.

2.4. Die Fortdauer von Störungen

Die neurotische Spaltung hat die Tendenz, sich selbst fortzupflanzen: aus der Charakterstruktur entwickelt sich als notwendige Folge die gesellschaftliche Struktur. Die verdrängte Energie des Individuums wird zum Brennstoff für politische Tyrannei und Terrorismus. Aus dem geschlagenen Kind wird ein Erwachsener, der seine eigenen Kinder schlägt. Werden neurotische Charaktereigenschaften gesellschaftlich rationalisiert, so entsteht das, was Reich die „emotionale Pest" genannt hat.Eine gesellschaftlich klar definierte Form der Verhaltenstörung, die in einer Reihe gegen das Licht gerichteter Manifestationen zum Ausdruck kommt, von der Atomindustrie bis zum repressiven Schulsystem; oder in der entmenschlichten Technokratie einer übermechanisierten Geburt, bei der die Wünsche des Arztes vor den natürlichen Rhythmen der Mutter und des Kindes Vorrang haben können.

Die Neurose wird von denjenigen Kräften in der Gesellschaft fortgeführt, die einen kollektiven Ausdruck des Verlustes der Verbindung mit den gesunden Lebensfunktionen darstellen.

Ich habe in etwa 30 Ländern therapeutisch gearbeitet und die Schwerpunkte der verschiedenen Kulturmuster sehr gut beobachten können. Es mag notwendig sein, die eigene Kultur zu verlassen und sie mit den Augen eines anderen zu beobachten, um die bestimmte Form der Neurosenförderung sehen zu können.

In Japan beispielsweise gibt es ein starkes Tabu gegen Augenkontakt, wobei gleichzeitig ein sehr starker Druck auf den einzelnen ausgeübt wird, sich der Gruppennorm anzupassen. Die Augen werden maskiert, um die Individualität zu verbergen. Es handelt sich aber hierbei nicht um das persönliche Problem einer bestimmten repressiven Erziehung, sondern um das erlernte Ethos eines ganzen Kulturmusters, das tagtäglich auf tausenderlei Art und Weise bestärkt wird.

In Lateinamerika ist die Angst im persönlichen Ausdruck der Menschen viel deutlicher zu erkennen und viel stärker ausgeprägt als in den meisten anderen Kulturen, in denen ich arbeite. Diese Angst kann mit der politischen Situation zusammenhängen, in der viele Menschen aufwachsen. In einer von mir geführten Gruppe von professionellen humanistischen Psychologen in Buenos Aires war ca. ein Drittel der Gruppe Opfer von Entführungen, Folter oder starker politischer Unterdrückung gewesen, oder aber sie hatten gesehen, wie man langjährige Freunde umgebracht oder hatte verschwinden lassen.

In Kalifornien, dem Entstehungsort der Primärtherapie sowie Hunderte von anderen Arten der Förderung radikaler Veränderung, sagten die Menschen auf einer Konferenz über die Politik des Körpers: Wir wissen, wie man auseinanderbricht, aber nicht, wie man sich wieder zusammensetzt. Die Zersplitterung und die Verstreutheit ihrer mehrrassigen Gesellschaft, sowie ihre mehrsprachige Umgebung, in der „alles geht aber nichts läuft", spiegelt sich in ihrer Charakterstruktur wieder. Störungslindernde und gesundheitsfördernde therapeutische Systeme können selbst Teil der Neurosenförderung werden. Denn es ist sehr leicht, aus einer therapeutischen Gemeinde eine neue Form der Tyrannei zu machen, die von den Menschen das Gegenteil dessen verlangt, was die alte Tyrannei verlangte; oder die heikle Übertragungssituation, die zwischen dem Helfer und dem Geholfenen besteht, dafür zu verwenden, die Ansichten und Einstellungen des einen dem anderen aufzuzwingen.

So haben wir auch in der Biosynthese-Therapie ein Interesse daran, den Menschen beizubringen, wie sie sich gegen Manipulation und von der Gruppe ausgeübten Druck wehren bzw. ihr widerstehen können, einer Manipulation, die auch in solchen Umgebungen vorkommen kann, denen ein therapeutischer Charakter zugedacht wurde.

Eine weitere Quelle der Neurosenförderung ist das, was Freud Wiederholungszwang nannte und der mit dem Widerstand in Beziehung steht. In der Biosynthese hängt Widerstand mit Begriffen aus der Biologie zusammen, wie z.B. der Homöostase - der Tendenz, das Leben so zu erhalten, wie es ist - sowie mit der Dämpfung von Schwankungen, die qualitative Sprünge aus den üblichen Zuständen darstellen, in denen wir leben und an die wir angepaßt wurden. Doch die Behandlung von Widerstand führt zu einer Beschreibung der therapeutischen Praxis, die ich im folgenden näher darstellen werde.

3. Das therapeutische Verfahren

3.1 Die Ziele der Therapie

Ziel der Therapie ist es, einen Zustand des gesunden Pulsierens im Menschen wiederherzustellen, bei dem die grundlegenden Lebensaktivitäten rhythmisch und lustvoll sind und auf erhöhten Kontakt mit sich und anderen hinsteuern.

Bei der Definierung dieses Zieles besteht jedoch ein Problem. Vor langer Zeit beschrieb *F.M.Alexander* Spannungen, die durch das, was er „Zielgewinnung" (end-gaiming) nannte, entstehen, und argumentierte, daß wir auf die „angewandten Mittel" (meanswhereby) genau achten sollten.

Im Jahre 1950 rief *Wilhelm Reich* ein Projekt zur Untersuchung gesunder Mütter ins Leben und stellte fest, daß der Trieb „gesund zu sein" zu Störungen führte. Auf ähnliche Weise können Entspannungsversuche zu Spannungen führen.

In der Biosynthese ist der Prozeß des therapeutischen Wachstums wichtiger als das Produkt. Wenn wir uns auf das Produkt konzentrieren, so können wir schnell dabei sein, Ansprüche an den Patienten zu stellen, die unserem eigenen Gesundheitsmodell entsprechen; z.B. die Forderung, sich emotional auszudrücken kann sich aus der Vorstellung ergeben, daß emotionaler Ausdruck gesund ist.

Produktorientierte Therapie kann neue Forderungen an Menschen stellen, deren Probleme möglicherweise schon damit zusammenhängen, daß sie den Forderungen anderer immer nachgeben. In manchen Fällen kommt dies einer neuen Form der Tyrannei gleich.

Bei der prozeß-orientierten Therapie wird genau darauf geachtet, in welcher Richtung der Patient sich bewegen möchte, sowie auf das Problem, dem er gegenübersteht und auf die neuen Lebensschritte, die er zu machen sucht. Wenn er sich hierüber nicht im klaren ist, und das ist oft der Fall, versucht der Therapeut, die Atmung zu entspannen und Muskelverspannungen soweit zu lösen, daß die Wachstumsrichtung sowie die Bewegungstendenz des Klienten unmittelbar erlebt werden können.

Im Klienten kristallisiert sich etwas heraus, ein Thema, eine Potenz, eine innere Richtung, die durch den Therapeuten unmittelbar erlebt werden kann und deren Entfaltung er unterstützen kann. So versucht der Therapeut nicht, dem Klienten Weisungen zu geben, außer als zeitlich begrenzte Maßnahmen, sondern die innere Richtung des Klienten aufzudecken.

Da es viele verschiedene Lebensstile gibt, wird die Therapie nicht nur ein, sondern viele Ziele haben.In dem Maße wie ein Mensch seinem tiefsten Richtungsdrang näherkommt und ihm folgt, wird sein Erleben lustvoller, seine Vitalität erhöht und sein Gefühl der Erfüllung gesteigert.

In seinem Buch „The Elixir" wies *Hameed Ali* darauf hin , daß viele Therapien bestimmen, was für einen Menschen gut ist und bieten es dann an. Zum Beispiel kann „Hingabe" das Ziel des einen therapeutischen Systems und die „Entwicklung der Willenskraft" das eines anderen sein.

Was allerdings not tut ist, daß der Therapeut und der Klient miteinander beraten, um zu bestimmen, wie der nächste Schritt im Wachstum des Klienten aussieht und ihm zu helfen, diesen Schritt zu unternehmen, anstatt auf die Erreichung der Ziele des Thera-peuten hin zu arbeiten. Derjenige, der seine Hingabefähigkeit entwickeln muß sowie derjenige, der mehr Willenskraft braucht, haben sich beide einem Prozeß verschrieben, dessen „Ziel" sicht-bar oder unsichtbar sein kann. Das Ziel kann sich im Laufe der Prozeßentfaltung ändern.

3.2. Der Therapeut

Die Neurose ist das Ergebnis einer gestörten Primärbeziehung. Um die primäre Störung nachhaltig verändern zu können, muß die Therapie eine neue Beziehung entstehen lassen.

Zusammen erzeugen die Eigenschaften der gestörten Bezie-hung ein Störmuster in Bezug auf den Rhythmus des persönlichen Wachstums.

Die Neurose ist die Auswirkung dieses Störmusters. Die thera-peutische Beziehung muß die Störung stören und zwar so, daß mit dem primären Rhythmus des Wachstums eine Resonanz entsteht.

Ein guter Therapeut mit einer begrenzten Technik wird auf einem Gebiet einen guten Einfluß auf einen Klienten haben. So kann ein verbal versierter Therapeut einem Klienten zu sehr wichtigen Einsichten verhelfen und dabei kritische Bereiche der somatischen Veränderung vernachlässigen.

Auf der anderen Seite kann ein schlechter Therapeut mit einer tiefgreifenden Technik einen negativen Einfluß auf den Klienten ausüben und zwar über einen großen Bereich seiner Entwicklung.

Von *Paulo Freire* übernimmt die Biosynthese ein Grundmodell der drei Arten der Interaktion, die drei Stilarten der Person des Therapeuten definieren.

Die erste dieser Stilarten nennt er Invasion, die zweite Deprivation und die dritte Dialog.

	INVASION	DIALOG	DEPRIVATION
SICHTKONTAKT	Anstarren	Sehen und Anschauen	Übersehen
STIMMKONTAKT	Predigen	Sprechen und Zuhören	Überhören
KÖRPERKONTAKT	Manipulieren ersticken	Berühren und Empfinden	Distanzieren

Der invasive Therapeut dringt in den Klienten ein. Er wird nicht zum Therapeuten, sondern zum Vergewaltiger. Er kann den Klienten mit Interpretationen vergewaltigen, die auf das Unbewußte zielen (mit Methoden, die Reich im Jahre 1933 verurteilte) oder aber er kann dadurch invasiv sein, daß er bedrängende Körpertechniken anwendet, um eine Reaktion zu erzwingen und den Widerstand des Klienten aufheben. (Die Invasion stellt einen Mangel an Respekt für die Grenzen des Klienten dar und führt zu dessen Entmutigung in Bezug auf sein Vertrauen in seinen eigenen Entwicklungsprozeß.)

Bei der Deprivation enthält der Therapeut dem Klienten die Befriedigung eines grundlegenden menschlichen Bedürfnisses vor, das er möglicherweise für sein Wachstum braucht. Ein Körpertherapeut, der einem Klienten die Sprache bzw. das Spracherlebnis vorenthält; oder aber ein Gesprächstherapeut, der keine Einsicht in den Körperbereich hat, kann den Klienten möglicherweise des Bewegungserlebnisses berauben.

Angst vor dem Eindringen kann zur Deprivation führen; Angst vor der Vorenthaltung kann zur Invasion führen. Zwischen diesen beiden gestörten Arten der Beziehung liegt der „Dialog".

Dialog kann sowohl verbal als auch nicht verbal sein. Der für Dialog offene Therapeut kann von seinem Klienten lernen und ihn auch gleichzeitig etwas lehren. Aufgrund der offenen Kommunikation und der gemeinsam entwickelten Prozesse ergibt sich eine dynamischere Interaktion zwischen den beiden.

Der „Dialog" ist eine Art der Kontaktaufnahme, die eine Resonanz mit dem Klienten erzeugt. Diese Resonanz bietet einen Maßstab (sounding board) zur Beurteilung der Eignung einer angewendeten Technik. Die Person des Klienten ist von primärer, Techniken von zweitrangiger Bedeutung.

Die Person des Therapeuten mag zu unpersönlich oder auch zu persönlich sein. Der unpersönliche Therapeut bemüht sich, objektiv zu bleiben, seine Gefühle zu verbergen, wie eine leere Leinwand zu wirken oder eine bestimmte Technik anzuwenden. Der überpersönliche Therapeut ist zu subjektiv, geht eine symbiotische Beziehung mit dem Klienten ein, agiert seine persönlichen Bedürfnisse in der Sitzung aus und ist nicht imstande, mit der Übertragung und der Gegenübertragung fertig zu werden.

Zwischen diesen beiden Extremen gibt es Platz für das gemeinsame Erleben tiefer menschlicher Emotionen auf eine warmherzige und menschliche Art und Weise. In der Biosynthese ist der Körper des Therapeuten ein wichtiges Werkzeug, das fundamentalste Werkzeug. Der Körper des Therapeuten ist es, der mit vielen der subtilen Spannungen und Gemütsverfassungen des Klienten mitschwingt. Reich nannte diesen Prozeß „vegetative Identifikation". Dies bedeutet, im eigenen Körper den Kampf des Klienten, seinen Rhythmus sowie die Qualität seines Pulsierens zu spüren.

Aber auch in einem anderen Sinne ist der Körper des Therapeuten ein Werkzeug. Die Interaktion zwischen den Körpern ist eine der wirksamsten Methoden, neue Entwicklungsmuster zu erlernen. Hierzu gehört der Gebrauch der Hände zur Berührung, doch in der Biosynthese gebraucht der Therapeut manchmal viele andere Teile seines Körpers, wie z.B. die Füße, den Rücken, den Kopf, um den Klienten zur Entdeckung neuer Bewegungsmöglichkeiten zu verhelfen. Manchmal wird der Therapeut zum „Kontakttänzer", der den Klienten an ein neues Erlebnis der Erdung seines eigenen Körpers heranführt. Die Therapie ist dann eine Form der Kontaktführung.

Bei der Anwendung von Berührung ist natürlich die Übertragung und Gegenübertragung stark ausgeprägt und der Therapeut muß viel persönliche Arbeit an sich selbst geleistet haben, bevor er soweit ist, daß er auf eine verantwortungsvolle Art und Weise und unter Vermeidung der oben beschriebenen Gefahren an dieser tiefen Form des somatischen Dialogs teilnehmen kann.

Die Komplexität der Übertragung und der Gegenübertragung in der Biosynthese wird an anderer Stelle beschrieben, soll jedoch in einem Diagramm veranschaulicht werden (D. Boadella, Transference, Resonance and Interference).

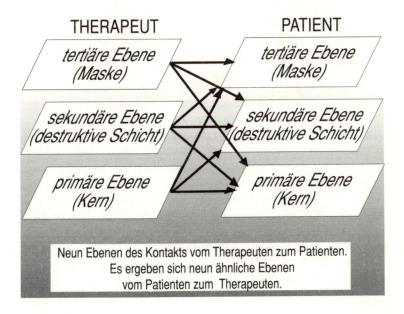

THERAPEUT **PATIENT**

tertiäre Ebene (Maske) tertiäre Ebene (Maske)

sekundäre Ebene (destruktive Schicht) sekundäre Ebene (destruktive Schicht)

primäre Ebene (Kern) primäre Ebene (Kern)

Neun Ebenen des Kontakts vom Therapeuten zum Patienten.
Es ergeben sich neun ähnliche Ebenen
vom Patienten zum Therapeuten.

3.3 Der therapeutische Stil

Der therapeutische Stil spiegelt den persönlichen Stil wieder. Es ist
wichtig, daß sich jeder Therapeut einen Stil des Umgangs mit dem
Klienten aneignet, der ihm gemäß ist und der zu seiner Individualität paßt. Das ist etwas anderes als ein Stil, der seinen Charakter
wiederspiegelt, da es sich beim Charakter per Definition um einen
defensiven Verhaltensstil handelt. Wir versuchen, den Einfluß des
Charakters auf den Stil zu minimieren und den Einfluß der
Individualität zu maximieren.

Es gibt aber auch eine zweite Möglichkeit, den Stil zu betrachten, und zwar vom Standpunkt des Ausmaßes an Aktivität bzw.
Empfänglichkeit des Therapeuten. In der Biosynthese erkennen
wir fünf Stile der Interaktion in Bezug auf das Aktivitäts -
Empfindlichkeits - Spektrum.

Auf der ersten Ebene ist der Therapeut ein Initiator. Er schlägt
vor, regt an, führt, aktiviert, mobilisiert. Der Klient reagiert, indem

er versucht, der Aktivität des Therapeuten zu folgen. Die Reaktion des Klienten ist jedoch nicht selbst- sondern fremdbestimmt. Der Therapeut schlägt beispielsweise eine bestimmte Übung zur Lockerung eines Teils des Körpers des Klienten vor. Und vielleicht reagiert der Patient darauf, indem er die Übung zunächst einmal recht mechanisch durchführt. Trotzdem kann die erste Ebene für die zweite Ebene vorbereitend sein, auf der der Therapeut genauso aktiv bleibt, der Klient jedoch eigenständiger reagiert, indem er auf die therapeutische Initiative mit mehr Selbstmotivation und mit größerer Individualität reagiert; auch indem er den ursprünglichen Vorschlag modifiziert. Am anderen Ende des Spektrums ist die fünfte Ebene, auf der der Therapeut hauptsächlich auf den Klienten eingeht. Er gewährt Raum, Zeit, brütet aus, unterstützt, baut bedeutungsschwangere Pausen ein und konzentriert sich mehr auf das Sein als auf das Handeln.

Natürlich kann hieraus das klassische „Wartespiel" eines Deprivationsskripts werden, wobei Warten nicht grundsätzlich neurotisch sein muß. Es gibt auch ein kreatives Warten, das dem Klienten Zeit gibt, zum ersten Mal für sich selbst seine Erlebnisse zu ordnen. Auf der fünften Ebene erlaubt, billigt und ermutigt der Therapeut die natürlichen Bewegungen, Schweigepausen, den sprachlichen Fluß und den emotionalen Ausdruck des Patienten. Auf der vierten Ebene hat der Patient eine gleich starke Führungs- rolle in der Sitzung, der Therapeut jedoch unterstützt und ergänzt das, was vom Klienten kommt. Bei der Bewegungsarbeit unter- stützt der Therapeut körperlich bzw. erweitert eine vom Klienten eingeleitete Bewegung. Diese Handlungsweise ist mit der eines Menschen zu vergleichen, der eine Schaukel schiebt, die bereits durch die Bewegung des Schaukelnden in Schwingung gebracht worden ist.

Die dritte Ebene befindet sich in der Mitte des Spektrums. Therapeut und Klient sind beide an einem Prozeß beteiligt, bei dem es möglicherweise nicht klar ist, wer führt und wer folgt.

Der Prozeß selbst ist die Hauptquelle der Bewegung und die beiden Beteiligten folgen der inneren Dynamik des Prozesses. Hier ist die Arbeit einem Tanz am ähnlichsten, die Interdependenz am größten.

1	**Therapeut aktiv** Die Initiative bleibt beim Therapeuten	**Patient reaktiv** Der Patient reagiert reflexartig oder gehorsam und wartet auf die nächsten Anregungen vom Therapeuten
2	**Therapeut aktiv** Sämtliche Initiative kommt vom Therapeuten	**Patient reagierend** Die Reaktion des Patienten ist mehr organischer Art. Diese Reaktionen, z.B. spontane Bewegungen oder Unterhaltungen, weisen eine selbsterhaltende Tendenz auf.
3	**Therapeut aktiv empfänglich** Der Therapeut kann zwischen Führen und Folgen pendeln. Er befindet sich im Dialogmodus	**Patient aktiv empfänglich** Der Patient kann zwischen Führen und Folgen pendeln. Es ergibt sich eine Resonanz oder ein Tanz zwischen Patienten und Therapeuten.
4	**Therapeut reagierend** Der Therapeut reagiert angemessen mit Worten oder Bewegungen auf das, was vom Patienten kommt.	**Patient aktiv** Die Initiative kommt haupt- sächlich vom Patienten
5	**Therapeut empfänglich** Der Therapeut akzeptiert das, was vom Patienten kommt und ermutigt ihn zu noch mehr Aktivität	**Patient aktiv** Der Patient führt die Sitzung

Zu einem beliebigen Zeitpunkt im Laufe einer Sitzung kann jede dieser fünf Ebenen am geeignetsten sein. Sie fungieren als eine Palette von Kontakt- und Reaktionsmöglichkeiten und je größer die Bewegungsfreiheit des Therapeuten bei der Wahl der geeignetsten Ebene ist, desto besser verläuft die Arbeit.

Ist der Therapeut zu aktiv und greift in dem Augenblick ein, wenn der Klient gerade im Begriff ist, mit einem tiefen inneren Thema in Kontakt zu treten, wird der Klient von seinem wahren Prozeß abgelenkt. Wenn, auf der anderen Seite, der Therapeut dem Klienten die Erlaubnis und den Raum für eine Art ausagierendes Verhalten gibt, so wird dem Klienten die Chance versagt, das hinter seinem Ausagieren Versteckte zu erkennen.

So muß auf möglichst geeignete Art und Weise mit dem Spektrum der Möglichkeiten zwischen Aktivität und Empfänglichkeit umgegangen werden, um die Effektivität des therapeutischen Prozesses zu gewährleisten.

3.4 Therapeutische Technik

Ich schreibe lieber über therapeutische Prozesse als über Techniken. Ich lehre keine Techniken, die aus dem Zusammenhang herausgelöst werden können. Dieser Zusammenhang steht mit dem Prozeß in Beziehung. Der Prozeß ist die persönliche Dynamik, innerhalb derer eine bestimmte Erlebnisstruktur oder eine bestimmte Technik sinnvoll ist, oder auch nicht.

In der Biosynthese gibt es drei therapeutische Hauptprozesse,die sich vom embryologischen Modell ableiten. Sie werden Zentrieren (centering), Erden (grounding) und Anschauen (facing) bezeichnet und nachfolgend beschrieben.

Zentrieren (centering)

Beim Zentrieren handelt es sich um einen Prozeß, der einem Menschen hilft, mit dem wellenähnlichen Rhythmus seines Atems und mit der damit verbundenen emotionalen Dynamik in Verbindung zu treten. Atmen und Emotionen stehen insofern in tiefer Beziehung zueinander, als jede emotionale Veränderung mit einer Veränderung des Atemrhythmus einhergeht. Es gibt bestimmte Atmungsmuster, die sich mit Angst, Zorn, Trauer, Hoffnung, Freude, Sehnsucht etc. assoziieren.

Bei einer Überbetonung der Brustatmung gegenüber der Bauchatmung bzw. umgekehrt kann ein Ungleichgewicht des Atems entstehen. Ein Ungleichgewicht kann auch durch die relative Betonung des Ein- bzw. Ausatmens entstehen. Der Therapeut kann bei überbeherrschten und verspannten Klienten die Ausatmung unterstützen, indem er den freien Bewegungsfluß fördert, z.B. durch Laufen oder andere unten beschriebene Bewegungsarbeit. Der Atem zeigt dann die Tendenz, der Bewegung zu folgen. Für Menschen, die die Einatmung auf ein Minimum reduzieren und die Ausatmung überbetonen, tut die Förderung der Einatmung not.

Es gibt verschiedene Möglichkeiten, dies zu erreichen: sanftes Heben der Hals- oder Lendenwirbel beim Einatmen fördert eine tiefere Einatmung. Ein Heben und Senken bzw. Öffnen und Schließen der Gliedmaßen im Atemrhythmus hat auch eine sehr positive Wirkung.

Eine ähnliche Wirkung hat eine bestimmte Form der Massage

für hypotonische Muskeln: diese Form der „Massage" nenne ich die „Mutterleibsberührung" (wombtouch), da sie aus einem sanften Drücken des weichen Körpergewebes, besonders der Muskeln des Oberarms, im Rhythmus der Einatmung besteht. Es ist leider schwierig, die Feinheiten dieser Methode in schriftlicher Form zu beschreiben. Die Arbeit mit dem Atem hat häufig den Effekt, ein emotionales Loslassen oder in einem emotional labilen Menschen die emotionale Zurückhaltung zu fördern.

Arbeiten mit der Einatmung ist bei Zuständen von Angst, Hilflosigkeit, Schwäche und Trauer sinnvoll. Bei Zuständen der Überbeherrschtheit, des blockierten Zorns und der überhöhten Spannung ist die Arbeit mit der Ausatmung angezeigt.

Oftmals befindet sich ein Mensch in einem Zustand, in dem auf die eine Art der Arbeit die gegenteilige Art als Ausgleich folgen muß.

Emotionale Schichtung

Die Emotionen können geschichtet werden, wobei die eine Emotion, die sich leicht ausdrücken läßt, defensiv eingesetzt wird, um eine schwieriger auszudrückende Emotion hervorzurufen, ohne dabei die defensive Emotion zu unterstützen. Folgende sind typische Beispiele:

- Gefühle von Zorn, um Trauer und Angst zu verbergen
- Gefühle von Angst, um Zorn oder Erregung zu verbergen
- Gefühle von Trauer, um Zorn oder Freude zu verbergen

Erden (grounding)

Das Erden steht mit unserem Bewegungsrhythmus und dem Zustand unseres Muskeltonus in Beziehung. Ein Mensch ist gut geerdet, wenn er den geeigneten Muskeltonus für eine bestimmte Handlung oder Verhaltensweise besitzt. Hier spricht *Moshe Feldenkrais* von der „potenten Haltung" (potent stance).

Der Therapeut arbeitet auf die Freisetzung von Energie aus verspannten Muskeln hin, indem er die Verspannung in ausdrucksfähige Bewegung verwandeln läßt und zu schlaffe Muskeln mit Energie lädt, indem er den Tonus durch dynamischen Widerstand gegen den Grund der Erde bzw. den Grund des Körpers des Therapeuten steigert. Erden bedeutet die Vitalisierung des Energieflusses das Rückgrat hinunter und von dort aus in die „fünf Gliedmaßen", d.h. die beiden Arme, die beiden Beine und den Kopf. Wir arbeiten mit einer breiten Palette von Körperstellungen, von denen einige Ähnlichkeit mit den Asanas im Yoga oder den Streß-Stellungen der Bioenergetik aufweisen.

In der Biosynthese interessieren wir uns jedoch hauptsächlich für die Körperhaltung als Ausdruck der Kontaktfähigkeit eines Menschen. Viele Haltungen weisen einen evolutionären Schub auf und stehen mit den Entwicklungsphasen des Lebens in Beziehung, von den Bewegungen des Geburtsreflexes über Kriechen und Krabbeln bis hin zum Stehen und Gehen. In Stanley Kelemas Buch „Emotional Anatomy" sind diese Phasen sehr schön dargestellt. Doch auch die fisch- und vogelähnlichen Bewegungen des Schwimmens und Fliegens entstehen oft als Teil der spontanen Regulierung des Muskeltonus. Es gibt eine ganze Sprache des Gestaltflusses (shape flow), die sehr viel mit befreiendem Tanz gemeinsam hat.

Der Bewegungsfluß hat drei qualitative Hauptaspekte: ein vitaler, ein emotionaler und ein spiritueller.

Der Bewegungsausdruck kann ein vitalisierender Lebensfluß durch den Körper sein, der vorher „toten" Bereichen neue Energie und Motilität bringt; er kann aber auch ein emotionaler Fluß sein, der dem Menschen hilft, seine affektiven Zustände in sinnvolle Bewegungsabläufe zu übersetzen. Zum Beispiel kann einem Menschen in einem Zustand der Angst geholfen werden, seine Grenzen zu verstärken, damit sie einen wirksameren Schutz gegen eine Bedrohung haben; oder in einem Zustand des Zornes wird ihm geholfen, seinen Raum zu erweitern, damit er sich weniger eingeengt und verspannt fühlt; und in einem Zustand der Trauer wird ihm vielleicht geholfen, mehr Kontakt zu suchen als er normalerweise zuläßt.

Drittens kann der Bewegungsausdruck einen Fluß spirituellen Gefühls in einem Menschen auslösen, wobei die Geste eher die Qualität von „Mudras" besitzt und den Menschen mit tiefen universellen Energien verbindet, die einen viel größeren Umfang haben als er selbst.

Um diese Vorgänge des Gestaltflusses (shape flow) und der dynamischen Haltungsevolution hervorzurufen, lernt der Therapeut in der Biosynthes die Sprache der Bewegungshaltung, also die Intentionalität im gebundenen Zustand, zu erkennen. Ist die Bewegungshaltung gelockert, so kann eine Intentionsbewegung einsetzen. Dies ist so etwas ähnliches wie der Geburtsmoment eines Befreiungsablaufs. Wird die Intentionsbewegung gefördert, so zeigt sich eine Bewegungstendenz, die in Richtung auf einen der oben beschriebenen wichtigen Pfade fließt.

Der Therapeut arbeitet mit den Prinzipien der Induktion und der somatischen Resonanz. Über seinen eigenen Muskeltonus muß er für den Muskeltonus desjenigen empfänglich sein, dem er versucht zu helfen. Der Zeitpunkt dieser Unterstützung wird von kritischer Bedeutung sein, da das Reaktionstempo des Klienten respektiert werden muß. Häufig wird auch die Beziehung zum Atemrhythmus des Klienten von kritischer Bedeutung sein.

Anschauen und Stimmqualität (facing and sounding)

Neben dem Bewegungsausdruck sind die Augen und die Stimme die Hauptkanäle der Kontaktaufnahme. Der Therapeut arbeitet mit den Eigenschaften des Augenkontakts als „Spiegel der Seele" und verfügt über Erfahrung darin, den Ausdruck verschiedener seelischer Inhalte, die von den Augen zurückgehalten sind, auszulösen.

Bei geöffneten Augen gibt es zwei wichtige Arten des Anschauens, die defensive und die kontaktbereite. Das defensive Anschauen assoziiert sich mit Anstarren, mit einem wachsamen Beobachten oder mit einem verträumten „entrückten" Blick. Manchmal kann das Starren dadurch verwandelt werden, daß dem Menschen geholfen wird, diese Tendenz willentlich zu steigern und dann zu lockern, um die Intensität der Defensivität zu vermindern. Bei einem überwachsamen Menschen, der sein Starren als eine Form der Beherrschung einsetzt, kann manchmal die Arbeit mit geschlossenen Augen einen besseren Kontakt mit inneren Gefühlsinhalten bewirken.

Haben die Augen eine größere Kontaktbereitschaft, so reagieren sie auf den Augenkontakt des Therapeuten und die verschiedenen Gefühlsinhalte wie Sehnsucht, Angst, Zorn oder Lust werden zum Ausdruck verholfen.

Bei geschlossenen Augen gibt es auch eine defensive und eine kontaktbereite Spielart. Die defensive Spielart ist assoziiert mit dem Rückzug von Kontakt sowie mit der Verhinderung sowohl des Aufnehmens durch die Augen als auch des Zeigens jeglicher

Gefühle. Die kontaktbereite Spielart assoziiert sich mit gesteigerter Aufmerksamkeit für die innere Erlebniswelt sowie oft auch mit der Entstehung von Bildern.

Die Fähigkeit des Therapeuten zeigt sich im Erkennen der Art und Weise, wie die Augen eingesetzt werden sowie darin, dem Klienten zu helfen, sich das anzuschauen, was abgewehrt wird.

Die Arbeit mit der Stimme führt zu der Erkenntnis, daß zwischen Tonfall und Muskeltonus (tone and muscle tone) eine enge energetische Beziehung besteht. Wir sprechen von der Stimmqualität (sounding) als der Entwicklung der Resonanz der Stimme als ein ausdrucksstarkes Instrument.

Die Verbesserung der Stimmfreiheit assoziiert sich mit einer Verbesserung des Muskeltonus. Die Stimmqualität unterstützt das Erden. die Stimmarbeit ist eindeutig auf das intimste mit der Atmungsarbeit verbunden.

Wenn wir die Rolle der Sprache betrachten, so besteht in der Biosynthese der Schlüsselfaktor in der Fähigkeit, zwischen Sprachen mit erklärendem und mit erforschendem Charakter differenzieren zu können. Erklären heißt abflachen. Der Klient setzt ungeachtet des Inhalts seine Worte ein, um Informationen zu vermitteln, die bar jeglichen Gefühls bzw. Körperbezugs sind. Diese Sprache ist zusammenhanglos und wird defensiv eingesetzt.

Erforschen bedeutet ausfließen. Erforschende Sprache entspringt dem Herzen und hängt mit der Vitalität und der Motilität des Menschen zusammen.

In der Biosynthese versuchen wir, die Sprache im Körper zu erden und einen leichten Fluß zwischen verbalem und nichtverbalem Ausdruck entstehen zu lassen. Oftmals, wenn die Körpersignale undeutlich und verworren sind, greift der Therapeut zur Klärung des inneren Gefühls zur Sprache. Ist diese verworren, so kann er sich durch das Lesen der nichtverbalen Körpersprache mehr Klarheit über aktuelle innere Vorgänge verschaffen.

Der innere Grund

Die Arbeit mit der Atmung, der Bewegung und der Sprache bildet den äußeren Grund der Biosynthese. Dahinter liegt der innere Grund der Essenz des Menschen. Der innere Grund assoziiert sich eher mit Präsenz und Sein als mit Aktivität und Handeln. Der innere Grund in der Atmung kann sich als ein meditativer Zustand zeigen, in dem der Mensch die feineren Schwingungen des Atems spürt; bei der Arbeit mit der Körperhaltung kann er „Seelenhaltungen", tiefe Bewegungsformen spiritueller Intensität, hervorbringen; bei der Spracharbeit kann er zur Aufdeckung archetypischer Bilder oder existentieller Skripts führen und eine transpersonale Dimension des Daseins erschließen. Wir versuchen, den inneren und äußeren Grund miteinander zu verbinden, indem dem Klienten ständig geholfen wird, sich der Brücken zwischen seinem Innenleben und seiner äußeren Realität gewahr zu werden.

Kontaktsignale und die vier Elemente in der Berührung

Bei jeder therapeutischen Interaktion stellen die Kontaktsignale des Klienten die wichtigste Möglichkeit dar, festzustellen, ob das, was gerade im Klienten vorgeht, sein Pulsieren erhöht oder sein Abwehrsystem und die Kontraktion verstärkt. Zu diesen Kontaktsignalen gehören der verbale Ausdruck der Erleichterung oder des Unbehagens, Veränderungen in der Atmung, der Gesichtsfarbe und im Augenkontakt; sowie Veränderungen im Muskeltonus als Reaktion auf die Berührung.

In der Biosynthese hat es sich als hilfreich erwiesen, die Berührung als mit den vier traditionellen Elementen Erde, Wasser, Feuer und Luft verwandt zu betrachten. Jedes dieser vier Elemente wird im folgenden kurz beschrieben.

Die Erd-Berührung

Hier werden die Hände wie auch andere Körperteile als Stützelemente eingesetzt. Wir versuchen, das Erlebnis der Festigkeit zu vermitteln; zu zeigen, daß der Grund sowohl der Erde als auch der eines anderen Menschen zuverlässig sein kann.

Bei zu übermäßiger Unabhängigkeit veranlagten Menschen wenden wir das Prinzip des Stützens an, um ihnen dazu zu verhelfen, anderen Menschen mehr zu vertrauen und mehr Hilfe annehmen zu können. Bei zu übermäßiger Abhängigkeit veranlagten Menschen versuchen wir, ihnen dazu zu verhelfen, mehr Vertrauen in den Grund sowie in die Stützelemente (Rücken, Beine, Arme) des eigenen Körpers zu setzen.

In diesem zweiten Sinne ist die Erdberührung besonders sinnvoll, wenn wir es mit Menschen zu tun haben, die schwache Grenzen haben oder die sich ungeerdet und überängstlich erleben.

Die Wasser-Berührung

Hier versuchen wir, das Erlebnis des Fließens zu vermitteln. Die Hände werden zu Zirkulatoren, zu Auslösern von Energieströmungen, die den Lebensfluß von der Körpermitte zur Oberfläche steigern. Die fließende Beschaffenheit des Körperinneren erkennen wir in der Darmperistaltik, die in der Therorie der biodynamischen Psychologie von Gerda Boyesen ausführlich beschrieben wird. Die fließende Beschaffenheit der Bewegungen können wir in Form von Schwingungen, Strömungen und Zittern des Körpers verfolgen, wobei überhöhte Muskelspannungen aufgelöst werden und der Muskeltonus wieder ins Gleichgewicht gebracht wird. Bezeichnenderweise werden auch schwimmähnliche Bewegungen der Arme und Beine bei der Anwendung des Prinzips dieses Elements ausgelöst.

Die Luft-Berührung

Bei der Luftberührung werden die Hände als sanfte Pumpen eingesetzt, um den Atemrhythmus in den Körper als ganzes „hineinzumassieren" und den Füll- und Entleerungsrhythmus (Dehnen und Beugen) , Abduktion und Adduktion, Verlängerung und Verkürzung, in der gesamten Muskulatur zu unterstützen.

Bei vielen Menschen wird durch die Spastizität und die Schlaffheit des Zwerchfells Atmung von Bewegung getrennt. Daher kann diese Art der Berührung als diaphragmatische Berührung bezeichnet werden, da sie viele „Zwerchfelle" öffnet, was zu einem höheren Pulsieren im Scheitel, in der kraniospinalen Flüssigkeit, im Beckenboden, in den Fußsohlen und Handflächen sowie im Zwerchfell selbst führt.

Die Feuer-Berührung

Das Prinzip der Feuerberührung ist das der Wärme und Temperaturregulierung des Körpers. Die Hände werden als Radiatoren eingesetzt, um die innere Wärme an die Körperoberfläche zu ziehen.

Das kann unmittelbar durch die Erwärmung kalter Körperbereiche oder aber mittelbar durch die Arbeit am Energiefeld im Raum oberhalb eines zusammengezogenen Körperbereichs geschehen. Werden beide Hände benutzt, um ein Energiefeld zwischen den um einen bestimmten Körperbereich geschlossenen

Handflächen zu erzeugen, so wird der Effekt intensiviert. Heiße Körperbereiche haben normalerweise eine Überladung und müssen bearbeitet werden, um die übermäßige Wärme in Bewegung umzuwandeln.

3.5. Der Veränderungsprozeß in der Therapie

Der Veränderungsprozeß hängt von drei Faktoren ab: der Effektivität der therapeutischen Interaktion; der Tiefe, in die diese Interaktion im Menschen dringt; sowie dem Maße, in dem während der Sitzung entstehende Veränderung in Lebensereignisse umgesetzt werden können.

Der erste dieser Faktoren wurde bereits in den drei vorangegangenen Abschnitten besprochen, so daß ich mich hier auf die anderen beiden beschränken werde.

Nach der Reich'schen Beschreibung findet die therapeutische Arbeit auf drei Ebenen verschiedener Tiefe statt: auf einer tertiären Ebene der Persönlichkeit, die mit dem Charakter und den muskulären Abwehrmechanismen zu tun hat und mit der gesellschaftlichen Maske assoziiert wird. Darunter liegt eine sekundäre Schicht, in der normalerweise viel Leid und Schmerz sowie Gefühle der Einsamkeit, des Zorns, der Angst und des Verletztseins enthalten sind. Darunter wiederum liegt eine primäre Schicht des Wohlseins mit Gefühlen der Hoffnung, der Freude und der Lust am Leben.

Zwischen diesen drei Schichten befinden sich zwei Übergänge. Viele Therapeuten besitzen die Fähigkeit, den Klienten von seinen charakterlichen Abwehrmechanismen gegen den Schmerz wegzuführen, hin zum Erlebnis des Schmerzes. In der Primärtherapie gibt es z.B. kein Konzept eines primären Gefühls des Wohlseins. Daher ist es meine Überzeugung, daß ein Klient sich zum Schluß lebendig fühlt, jedoch über lange Zeiträume Leid und Schmerz empfindet, weil,nach der Überzeugung Janovs, die Schmerzschicht von primärer Bedeutung ist.

Aufgrund des weitverbreiteten Phänomens der Lustangst widersetzen sich viele Klienten dem zweiten Übergang zum Wohlsein. An dem Punkt, an dem sie diesen Übergang vollziehen könnten, machen sie eine Kehrtwendung zur sekundären Leidensschicht zurück und agieren weiterhin alte Muster der emotionalen

Befreiung aus, die keinen therapeutischen Wert mehr haben und nicht zur emotionalen Klärung führen. Die Klärung wird dadurch unterstützt, daß neue Quellen der inneren Nahrung aufgedeckt werden, in dem man mit längst vergessenen oder neu entdeckten Quellen der Hoffnung, der Befriedigung und des Wohlseins in Kontakt tritt. Durch die oben beschriebenen Prozesse versuchen wir in der Biosynthese, in jeder Sitzung den Klienten in Verbindung zu bringen. Der Veränderungsprozeß hat Ähnlichkeit mit der Herausbildung des Blutsystems in der Entwicklung des Fötus. Die Tropfen der Verbindung zur Urströmung des Wohlseins sind wie die Blutinseln, die allmählich zu stetigen Strömungen verschmelzen, welche sich zu Blutgefäßen organisieren. Auf ähnliche Weise verschmelzen die miteinander verbundenen Tropfen des Kontakts des Klienten mit seiner primären Schicht zu Entwicklungsströmungen, die allmählich sein Erleben in neue Richtungen fließen lassen.

Dies kann allerdings nur dann geschehen, wenn der Klient neue Möglichkeiten findet, die in der therapeutischen Sitzung stattfindenden somatischen und psychischen Veränderungen in seiner grundlegenden Lebenssituation zu verankern. Hierbei wird die Bereitschaft vorausgesetzt, Veränderungen zu vollziehen im Hinblick darauf, wo er lebt, mit wem er zusammen lebt, welcher Arbeit er nachgeht. So wie er seine Zeit und seinen Lebensraum organisiert, so müssen die Erfolge der Therapie in der Lebenssituation gegründet sein, wenn sie sich festigen sollen.

Hameed Alis Weiterentwicklung in der Reich'schen Arbeit stellt dies in Zusammenhang mit der Sufi-Auffassung des Unterschiedes zwischen einem Zustand und einer Station.

Der Zustand, wie z.B. eine Verbesserung in einer therapeutischen Sitzung, wird vielleicht nur von vorübergehender Dauer sein. Von einer „Station" spricht man dann, wenn der Klient in der Lage ist, auch bei zeitweiligem Verlust seiner Verbindung mit seiner inneren Richtung diese für sich selbst wiederzugewinnen. Somit ist die Veränderung nicht mehr von der äußeren Hilfe des Therapeuten für ihre Erhaltung abhängig.

4. Fallbeispiel einer Krisenintervention

Statt eine lange Krankengeschichte darzulegen, ziehe ich vor, nach den Prinzipien der Biosynthese, ein Beispiel für die Behandlung in einer Notsituation vorzustellen.

Zu einer dreitägigen ambulanten Therapiegruppe, die ich in Tokyo leitete, kam eine junge Frau Mitte Zwanzig. Der Veranstalter der Gruppe kannte sich etwas in ihrer Geschichte aus und hatte aufgrund ihrer anscheinend schweren Störung große Bedenken, sie in die Gruppe aufzunehmen. In der Tat hatte sie bei einem Selbstmordversuch einige Tage davor die Pulsader am rechten Handgelenk aufgeschnitten. Ihre Lebenssituation erschien chaotisch: sie war stark eingebunden in eine religiöse Sekte mit egoschwächenden Praktiken, die ihr bereits schaches Ego unterminierten. Um ihren Schmerz zu verdrängen, trank und rauchte sie stark.

Am ersten Tag der Gruppenarbeit bot sie folgendes Bild: ihre Atmung war extrem flach, fast nicht mehr wahrnehmbar. Diese flache Atmung erkannte ich als kennzeichnend für einen präpsychotischen Zustand. Diese Vermutung wurde durch ihren schwer gestörten Augenkontakt verstärkt, der auffallend verschwommen und vernebelt wirkte. Sie vermied es, jemanden direkt anzuschauen und richtete ihren Blick hauptsächlich gegen den Boden. Sie reagierte nicht auf Berührung, so daß man sich nur über den Handkontakt mit ihr, der auf eine für einen schweren Hypotonus bezeichnende Art und Weise schlaff und leblos war, ein ungefähres Bild über ihren Muskeltonus machen konnte. Sie konnte nur mit schwacher Stimme sprechen, und was sie sagte war verworren.

Dazu muß ich sagen, daß die ganze Arbeit mit ihr über einen Dolmetscher lief, was allerdings üblich war, wenn ich im Ausland arbeitete. Der Dolmetscher war ausgezeichnet. Ich kam mit ihm recht gut aus und die Schwierigkeiten mit der Stimme der Frau hatten nicht im geringsten mit der Tatsache zu tun, daß sie japanisch sprach und ich englisch.

Wir sprachen etwas über den Zustand der Verwirrtheit und der Verzweiflung, die ein paar Tage davor zum Selbstmordversuch geführt hatten. Die Sprache hatte erklärenden Charakter ohne

41

jegliche Emotion.

Am Ende dieser ersten Interaktion am ersten Tag der Gruppe wurde mir klar, daß sie sich in einem äußerst gestaltlosen Zustand schweren Rückzugs (unbounded state) befand, und ich machte mir weniger Sorgen darüber, daß sich ihr Zustand in der Gruppe weiter verschlechtern würde, als darüber, daß unsere Möglichkeiten in einer so kurzen Gruppenarbeit nicht ausreichen würden, um sie von ihren suizidalen Gefühlen Abstand gewinnen zu lassen. Sie stellte somit ein Risiko dar, und ich bat um ein Gespräch mit den japanischen Veranstaltern der Gruppe, um meiner Sorge um sie Ausdruck zu verleihen und zu fragen, ob irgendwelche Einrichtungen für Notfälle vorhanden wären, um Menschen zu helfen, die sich in einem Zustand schwerer Verwirrung befinden und die sich möglicherweise das Leben nehmen könnten.

In einem Gespräch nach dem ersten Treffen mit mir konnte sie nur sehr dürftig über ihre Situation sprechen, doch machte sie von sich aus die Äußerung, ihre Hände seien warm.

Die erste Kontaktbrücke war zögernd geschlagen worden. Aus solchen Fäden kann man manchmal anfangen, den Teppich der Veränderung zu knüpfen.

Am zweiten Tag kam sie aus eigener Initiative am Anfang der Sitzung zu mir, um über die letzte Nacht zu sprechen. Das war bereits der erste Schritt zur Kontaktaufnahme sowie ein Schritt heraus aus ihrem Rückzug. Sie sagte, ihr wäre in der Nacht klar geworden, daß sie das Gefühl gehabt hatte, ihr Freund könnte sterben. Das brachte sie mit einer älteren Angst in Verbindung, daß ihr Vater sterben könnte. Sie war jetzt bereit, sich ihre Angst einzugestehen, was am Tag davor noch nicht möglich gewesen war.

Ich machte für sie in einer kleinen Gruppe von vier Menschen Platz, wo sie weiterhin ihre Gefühle im Zusammenhang mit ihrer Angst vor dem Tod erforschen konnte. Nach ca. 10 Minuten sagte sie, sie fühle sich wieder normaler und wolle nicht weiter darüber sprechen. Sie wolle lieber einige körperbelebende Bewegungen durchführen, die ich früher eingeführt hatte. Diese Bewegungen dienten dem Zweck, das Gefühl der Verbindung zwischen den Armen und dem Torso zu steigern und waren wegen des energetischen Rückzugs in ihren Armen und ihren leblosen Händen potentiell nützlich für sie.

Sie stand und lockerte ihre Arme etwas, während ein anderes Mitglied ihrer kleinen Gruppe dasselbe tat. Plötzlich hatte sie unmittelbaren Augenkontakt. Für einen Augenblick hatte sie den ausweichenden Blick in ihren Augen aufgegeben, und als ihre Augen auf das Leben in den Augen des anderen Gruppenmitglieds trafen, erlebte sie eine intensive Angst. In diesem Augenblick erlebte sie eine sehr starke Abreaktion. Ihre Beine klappten zusammen, sie fiel zu Boden und fing an, heftig zu schreien. Gleichzeitig setzten spasmische Zuckungen im ganzen Körper ein. Für eine Gruppe von Japanern, für die jeder Gefühlsausdruck gesellschaftlich schwierig ist, muß es so ausgesehen haben, als ob sie gerade einen Anfall oder eine psychotische Episode erlebte. Wenn ein Patient in einer psychiatrischen Klinik es wagt, seine innere Bedrängnis zum Ausdruck kommen zu lassen, so ist es normal, daß ihm sofort ein Beruhigungsmittel verabreicht wird. (Ein solcher Anfall wirkt zu sehr beunruhigend auf andere , und es spielt keine Rolle, daß er dem anderen helfen könnte.)

Die nächste halbe Stunde bestand die therapeutische Aufgabe darin, die enormen Energien, die sich in ihr freisetzten, einzugrenzen und sie nicht zu unterdrücken. Die anderen Leute in ihrer kleinen Gruppe und ich standen dort um sie herum, wo sie hingefallen war und bildeten ein eingeschlossenes Gebiet, auf dem sie den befreienden Bewegungen ihres Körpers freien Lauf lassen konnte, das aber auch körperlich Sicherheit und eine deutliche Abgrenzung bot. Es war ein Mutterleibsraum für die Geburt neuer Energien. Diesen physischen Kontakt behielten wir eine halbe Stunde bei. Da sie weiterhin schrie, konnten wir eine Zeit lang nicht mit ihr sprechen und zwar für eine viel längere Zeit als bei der Abreaktion von Angst üblich ist. Wir konnten mit ihr keinen Augenkontakt herstellen, da es gerade der Augenkontakt war, der ihre Angst ausgelöst hatte. Dann machte ich Handkontakt mit ihr und stellte fest, daß ihre Hände warm waren. Jetzt konnten wir den Kontaktfaden, der am Vortag geknüpft wurde, verstärken. Nach einiger Zeit ließen ihre Schreie nach. Ihr Körper bewegte sich ruhiger. Wir bemerkten, daß ihre Atmung tiefer und entspannter wurde. Sie fing an zu sprechen. Als erstes sagte sie: „Ich will nicht sehen".

Jetzt verdeckten wir ihre Augen mit ihren und unseren Händen und unterstützten dabei ihr Recht auf mehr Abgrenzung und übernahmen und bestätigten ihren Selbstschutz. Bald danach konnte sie hinter ihren geschlossenen Augen das dunkle Wasser eines Flußes sehen, in dem ihr Vater zu ertrinken schien. Eine Zeit lang teilte sie diese Bilder mit uns. Die Mittagspause rückte näher. Ich bot ihr die Möglichkeit, eine weitere therapeutische Stunde während der Mittagspause zu nehmen, um dieses Thema fortzusetzen, oder aber in die Welt zurückzukehren und zu Mittag zu essen. Ich würde bei ihr sein, um ihr zu helfen, dieses außerordentlich starke Befreiungserlebnis zu integrieren. Sie sagte: „Ich glaube, ich bin jetzt bereit zu sehen und werde zu Mittag essen".

Jetzt öffnete sie ihre Augen freiwillig und richtete sich auf. Sie war jetzt imstande, Menschen anzuschauen, ohne zu regredieren oder auszuweichen. Ihre Stimme war heller, und sie zeigte starkes Interesse, als ich sagte, ich würde ihr helfen, Übungen zu entwickeln,um die Angst zu verringern.

Während der Mittagspause leisteten wir ICH - aufbauende Arbeit und verwendeten dabei die Sprache, um ihre Entscheidungsfähigkeit zu stärken und bessere Kanäle für das Anschauen und den Umgang mit ihrer Angst zu bauen.

Erstens verschrieb ich ihr einen Abwehrmechanismus und zwar sollte sie ihre Augen zuhalten. Um diesen Mechanismus als etwas normales erscheinen zu lassen, nannte ich ihn „palming", wobei es sich dabei um eine bekannte *Bates'sche* Übung für die Entspannung der Augen handelte. Zweitens schlug ich ihr vor, die Yogastellung des Kindes einzunehmen, in der der Körper die selbst eingrenzende Form des Fötus annimmt, was die Körperwärme steigert und den Kopf auf der Erde ruhen läßt.

Drittens brachte ich ihr bei, wie sie ihre Atmung umgestalten kann, um sie aus dem Zustand der Panik herauszuführen, indem sie mit dem Rücken zur Wand sitzt, die Beine anwinkelt und leichten Druck nach unten und nach hinten beim Einatmen ausübt.

Viertens stellten wir Verbindung zu Kontaktpersonen für sie her, damit sie im Wiederholungsfall zumindest jemanden finden könnte, der ihre Panik mit ihr teilt.

Fünftens schlug ich vor, daß sie ihre Ängste, aber auch deren Gegenteil malen sollte. So versuchte ich, ihr einige Lebensschritte anzubieten, die sie unternehmen könne, um sich zu helfen, in besserem Kontakt mit sich selbst zu bleiben. Während der verbleibenden Gruppenarbeit war sie entspannter und half dabei sogar anderen, die an sich gearbeitet hatten. Als die Gruppenarbeit zu Ende ging, war sie imstande, sich bei der Verabschiedung herzlicher auszudrücken.

Ich habe sie erst 6 Monate später wiedergesehen, als sie an einer weiteren Gruppe teilnahm, die ich in Tokyo leitete. Sie hatte sich erstaunlich verändert. Sie begrüßte mich herzlich und ungeniert. Sie sprach sogar etwas englisch. Ihre Augen waren warm und kontaktvoll. Ihr Muskeltonus war nicht länger schlaff. Sie teilte mir mit, daß sie das Rauchen und Trinken aufgegeben und ihre religiöse Sekte verlassen hätte. Und, sagte sie, ich habe diese Bilder gemalt. Aus einer Mappe nahm sie ca. 30 große und sehr lebendige Bilder heraus, auf denen sie verschiedene Familienmitglieder und sich selbst in einer Reihe unterschiedlicher Stimmungen gemalt hatte. Das ist mein Vater, als ich Kind war und er glücklich aussah. Und das bin ich, als ich mich tot und verzweifelt fühlte. Und das ist mein Glück im Sonnenlicht.

In dieser Gruppe fiel sie keineswegs als besonders gestört auf. Ihre schizophrene Episode hatte sie ohne jegliche Drogen durchlebt und gemeistert. In der zweiten Gruppe arbeitete sie daran, Zorn ihrer Mutter gegenüber zum Ausdruck zu bringen. Diesen Zorn drückte sie deutlich und angemessen aus und integrierte dabei ihren Augenausdruck, ihre Stimme und ihre Bewegungen. In der Tat drückte sie sich deutlicher aus als alle anderen in der Gruppe.

In dieser Fallstudie einer Krisenbewältigung bedurfte es des Prinzips der Pulsation, der Konzentration auf Ausdrucksformen und nicht auf die Tiefenanalyse der Inhalte; der Möglichkeit der emotionalen Befreiung als eine Brücke zwischen quasi - schizophrenem Rückzug und erhöhter Ich-Stärke bei Ausdruck von Gefühlsinhalten und deren Kanalisierung; des Verständnisses von Kontaktgrund im menschlichen Körper; sowie der Verankerung des Gruppenerlebnisses im täglichen Leben, um sie in die Lage zu versetzen, diese Veränderung zu vollziehen und ihre Krise mit einer besseren Integration durchzustehen, als sie sie vorher hatte. Ihr Name, sagte sie mir, war Satchiko, was „glückliches Kind" bedeutet.

45

II. Das Zentrum für Biosynthese

1. Gründer
2. Hintergrund und Richtungen
3. Forschung:
   - Energy and Character: The Journal of Biosynthesis
4. Kooperierende Institutionen
5. Laufende, geplante Kurse und Ausbildungen
6. Vordenker der Biosynthese (Ausgewählte Zitate)

1. Gründer

David Boadella lernte Vegetotherapie bei Paul Ritter und Dr. Ola Raknes. Er schrieb drei Bücher über Wilhelm Reich und gründete 1970 das „Journal of Bioenergetic Research: Energy and Character" (jetzt: Journal of Biosynthesis), als Publikations-Organ der Forschung.

18 Jahre lang war er Rektor der Abbotsbury School in Dorset. Er hat 30 Jahre Erfahrung als Einzel-Therapeut und in den letzten 15 Jahren Psychotherapie-Ausbildungsgruppen in vielen Teilen der Welt geleitet.

Von 1976 bis 1982 war er Direktor des Londoner Institute for the Developement of the Human Potential. 1982 gründete er das jetzige Zentrum für Biosynthese. David Boadella lebt und arbeitet gegenwärtig in Zürich, wo das Zentrum seinen Sitz hat.

2. Hintergrund und Richtungen

Biosynthese meint „Integration des Lebens". Zuerst wurde dieser Begriff von dem englischen Analytiker Francis Mott verwendet. Dieser entwickelte eine Methode der Gestalt-Psychologie (Configurational Psychology), die auf Studien des Lebens im Mutterleib basiert.

Seit 1975 entwickelte David Boadella eine Therapie, die auf einem von der Embryologie hergeleiteten Verständnis basiert.Es gibt viele Wurzeln zu dieser therapeutischen Arbeit, doch zuerst und vor allem ist sie aus der Vegetotherapie (1935) Reich's hervorgegangen. Diese Methode arbeitet mit der Lockerung defensiver Muskel-Panzerung, um das lustvolle Pulsieren der Lebensenergie im Organismus zu wecken, und so die Selbstregulierung der Heilungskräfte zu stimulieren.

Reich's Arbeit ist von verschiedenen Nachfolgern und Schülern weiterentwickelt worden, und die Biosynthese ist speziell von den Arbeiten folgender Personen beeinflußt worden:

Stanley Keleman *Somatische Prozeß-Therapie*, Berkeley
Elsa Lindenburg *Vegetotherapeutischer Tanz*, Oslo
Lillemor Johnson *Integrated Respiration Therapy(IRT)*, Oslo

John Pierrakos   *Core-Energetik*, New York
Gerda Boyesen   *Biodynamische Psychologie*, London

Das zentrale Konzept in der Biosynthese geht von drei fundamentalen Energieströmen im Körper aus, die mit der Entwicklung des Embryos aus den drei Keimzellschichten verbunden sind: Entoderm, Mesoderm und Ektoderm. Diese drei Ströme realisieren sich in einem Fluß von emotionalem Leben durch die inneren Organe des Körpers, von Bewegung durch die Muskelwege, von Wahrnehmungen, Gedanken und Bildern durch das Nervensystem. Streß vor, nach der Geburt und während der Kindheit zerstört das funktionale Zusammenspiel dieser drei Kräfte.

Die therapeutische Reintegration in der Biosynthese arbeitet mit der Befreiung des Atems und dem emotionalen Zentrieren (centering), mit dem Wiederbeleben gesunder Muskelspannkraft und dem Erden der Körperhaltung (grounding), mit dem Anblicken und Gestalten von Erfahrungen durch Augenkontakt und durch Kommunikation mit der Stimme (facing).

Das embryologische Verstehen wurde durch die Arbeiten folgender Personen wesentlich vertieft:
Francis Mott's „Configurational Psychology" (Tunbridge Wells)
Frake Lake's „Klinische Theologie" (Nottingham)
Otto Hartmann's "Dynamischer Morphologie" (Frankfurt)

Die Arbeit an der Atmung und der Körperhaltung wurde speziell durch folgende Personen bereichert:
André de Sambucy's „Vertebro-Therapie" (Paris)
Haruchika Noguchi's „Sei Tai Soho" (Tokio)

Diese Wiedervereinigung von Fühlen, Handeln und Denken bildet den „äußeren Grund"(outer ground) der Biosynthese, dem ein „innerer Grund"(inner ground) zugehörig ist, der die Essenz, das Wesen jeder einzelnen Person darstellt. In diesem Bereich geht es der Biosynthese um ein geistig-seelisches Zentrieren, das innere Bilder mit der Atembewegung verbindet und das Energiefeld des Körpers (subtle body) ins Gleichgewicht bringt. Die Arbeiten von Robert Moore in Dänemark sind hierzu der jüngste Einfluß auf die Weiterentwicklung der Biosynthese.

Biosynthese-Therapie ist ein offenes und kein geschlossenes System. Es bestehen keine endgültigen oder festen Theoriekonzepte oder Methoden, sondern vielmehr ein sich beständig entwickelndes Netzwerk von Praktiken und Konzepten, die aus vielen Quellen gewonnen und in eine höhere Ebene der Ordnung integriert wurden. Dabei gedeiht sie ähnlich einem ökologischen System an der Vielfalt und Verschiedenheit und ist doch vereint durch die Kohärenz und das kooperative Zusammenspiel der Bestandteile „fachliche Fähigkeiten" und „therapeutische Prinzipien".

Die theoretische Grundlage der Biosynthese hat zwei fundamentale Themen. Diese liegen der Entstehung von Materie und Leben, wie auch der Integrität des Körpers und der Entwicklung des Selbst zugrunde und erscheinen tieferliegend als Psychologie und Biologie:

a) Der formative Prozeß

Der gestaltgebende Prozeß (formative process) in der Natur, die Entstehung von höheren Ordnungszusammenhängen aus niederen ist ein grundlegendes {natürliches) Gesetz offener Systeme. Das Selbstheilungsprinzip -grundlegend in der Therapie - ist ein Ausdruck dieses Gesetzes (vgl. Prigogine 1981, Jantsch 1979).

b) Das organisierende Feld.

Der formative Prozeß muß durch angemessene und geeignete Bedingungen potenziert werden. Ohne diese wird Selbstorganisation nicht stattfinden. Eine gesunde Entwicklung des Kindes braucht die Gegenwart kontaktfähiger Eltern, um dem biologischen Ordnungsprinzip „biological organiser"(Mahler)zu genügen und sein normales Wachstum sicherzustellen.

In dem Bemühen, blockierte Gefühls- und Ausdrucksmuster zu überwinden, ist das wichtigste Instrument die Kontaktbereitschaft und Empfänglichkeit eines anderen Menschen.

Reich nannte diese Funktion „vegetative Identifikation", womit er die Fähigkeit beschrieb, in unserem eigenen Körper die blockierten Ausdrucksweisen, die einen anderen Menschen behindern, erspüren zu können.

Stanley Keleman benutzt den Begriff „Somatische Resonanz" für den biologischen Rapport zwischen zwei Menschen.

3. Forschung : Energy and Character-
   The Journal of Biosynthesis

1970 wurde das Journal unter der Bezeichnung „Energy and Character: The Journal of Bioenergetic Research" gegründet. Es dient als Publikations-Organ für Forschungen und interdisziplinären Austausch.

In den nunmehr 20 Jahren des Bestehens wurde eine reiche Vielfalt von Artikeln in über 50 Ausgaben veröffentlicht.

Autoren aus allen Teilen der Welt haben hier bereits veröffentlicht und das Journal wird in 40 Ländern der Erde gelesen.

Die therapeutische Arbeit der Biosynthese stellt die allem zugrunde liegende integrierende Matrix dar.

1982 wurde das Journal umbenannt in „Energy and Character: The Journal of Biosynthesis".

Abonnement: £ 10 pro Jahr. Einzelne Ausgaben £ 5
$ 20 pro Jahr. Einzelne Ausgaben $ 10

Erscheinen: zweimal im Jahr, jeweils April und August
Herausgeber: David Boadella, B.C.M-Chesil
London.WC1N3XX, England

Abonnements an: L. Sloane & Partner ,6 Surrey Close, Granby Ind. Estate, Weymouth, Dorset DT4 9TY England.

Abonnenten aus Europa zahlen bitte mit Intern. Postanweisung.

4. Kooperierende Institute

Das Zentrum für Biosynthese entwickelte über die Jahre gute Arbeitsbeziehungen mit einer Anzahl therapeutischer Gruppen und Institutionen. In Verbindung mit diesen errichtete das Zentrum in den letzten Jahren Fortbildungsgruppen zu verschiedenen Aspekten der Biosynthese und eine fachliche Zusammenarbeit und Austausch über das Journal, (Energy and Character).

1. INSTITUTE FOR THE DEVELOPMENT OF HUMAN POTENTIAL (London-Bath-Penzance)
2. INTERN. ASSOCIATION FOR BIOENERGETIC ANALYSIS (Amsterdam-Aachen-Basel-Chicago-Copenhagen-Berkeley-Rome-Madrid- Oslo - Buenos Aires-Rio der Janeiro-Minneapolis)
3. INTERN. FOUNDATION FOR BIODYNAMIC PSYCHOLOGY (London-Mâcon- Göttingen-Wien-Bremen-München-Frankfurt-Sydney-Melbourne- Wellington)
4. CENTER FOR HUMAN POTENTIAL (Reykjavik/Island)
5. CENTER FOR ENERGETIC STUDIES (Berkeley/Californien)
6. CENTER FOR BIO-ENERGY (Kanazawa/Japan)
7. HORIZON CENTRE (Tokyo/Japan)
8. UNO CENTRO DE DESENVOLVIMENTO HUMANO (Salvador/Brasil)
9. ASS. FRANCAISE DE PSYCHOLOGIE HUMANISTE (Paris)
10. INSTITUTE FOR PSYCHODYNAMIC THERAPY (Stockholm)
11. CENTRE FOR HUMANISTIC THERAPY (Oslo)
12. INSTITUTO BIO-ENERGETICO ANTHOS (Madrid)
13. ESTELLE CENTRE DE CREIXMENTE PERSONAL (Barcelona)
14. INSTITUTE FOR ORGANISMIC PSYCHOTHERAPY (Zürich)
15. ARBEITSKREISE FÜR INDIVIDUELLE UND KOLLEKTIVE EMANZIPATION (Wien)
16. INSTITUT NATIONAL DE GESTALT (Brüssel)
17. INSTITUTE FOR THERAPEUTIC PROCESS (London)
18. SPECTRUM. (London)
19. RADIX CENTRES (London-Belgrad-Quito/Equador)
20. CENTRO STUDIO UMANOLOGIA (Rom)
21. UNIT FOR RESEARCH INTO CHANGING INSTITUTIONS (London)
22. WILHELM REICH CENTRE (Athen)
23. PEER INSTITUTE (Perth/ Australien)
24. INSTITUTO WILHELM REICH (Mexico City)
25. INSTITUTO VENEZUELANO BIOENERGETICO (Caracas)
26. INSTITUTE WILHELM REICH (Buenos Aires)
27. REICHIAN CENTRE OF SANTA MONICA (Los Angeles)
28. CENTRE FOR ORGONOMIC STUDIES (Jerusalem/Israel)
29. FREE SCHOOL (Albany/New York)

Das ZENTRUM FÜR BIOSYNTHESE hat seinen Sitz in Zürich:
Hardeggstr. 23 b, CH 8049 Zürich, Tel.: 01-3420444
Leitung: *Dr.Silvia Specht-Boadella*

5. Laufende und geplante Kurse und Ausbildungen

Internationale Ausbildungen in Biosynthese:
• 3- jährige Ausbildungen
• Einführungs-und Basic Training

Nähere Information und Anmeldung:

ZENTRUM FÜR BIOSYNTHESE, Sekretariat:
Hardeggstr. 23 b, CH- 8049 Zürich, Tel.: 01-3420444

Ausbildungsprogramm

Das gesamte Ausbildungsprogramm umfaßt 3 Jahre und unterrichtet die Theorie und Praxis individuenzentrierter Therapie, aufbauend auf den Erkenntnissen der Biosynthese. (Stand 1988)

	Somatischer Prozeß	Charakter-Dynamik	Therapeutische Interaktion	Essentielle Entwicklung
1. JAHR	Grundlagen dynamischer Morphologie	Der Charakter als Abwehrstrategie	Die vier Elemente in der Berührung	Seinsfühlung- Kontaktaufnahme mit dem *inneren Grund*
	die Embryogenese des Körpers und ihre entwicklungsgeschichtliche Relevanz	Polarität und Charakterbildung	somatische Resonanz u. Induktion	Topographie spiritueller Entwicklung
	Atemarbeit			
	Körperhaltung und Bewegungsart	Der biologische und der sozialisierte Körper	Kontaktsignale	persönliches Tagebuch
2. JAHR	die Verbindungswege im Körper	Interaktionsweisen: Übertragung und Gegenübertragung		die regressive Reaktion auf das Karma
	Organsystem und Lebensweisen	Strukturen frühkindlicher Beziehung		Umgang mit dem inneren Script
		Neueinschätzung von Schwächen und Stärken		
	Segmente der Panzerung	Objektbeziehungen		erklärende und erfahrende Sprache
3. JAHR	Tiefenprozesse im Körper	Desidentifikation und Selbstbeobachtung	Polaritäten in der therapeutischen Methodik und ihre prozessgemässe Auswahl	Arbeit mit der Essenz, die Chakras ins Gleichgewicht bringen, Meditation und spirituelles *Erden*
	psychosomatische Grundstrukturen			
	Beziehung zwischen inneren und äußeren Energiezentren; Beziehung zwischen physischem und feinstofflichem Körper (subtle body)	Anerkennung und Verwandlung des Schattens	Therapie und Heilung (healing) - Gemeinsamkeiten und Unterschiede	Progressiver Umgang mit dem Karma

Andere Trainings - Kurse, Therapiegruppen, Einzeltherapie:

DEUTSCHLAND ──────────────────────────────

Berlin: *Andreas Wehovsky/*
Renate Lenzen/Gerlinde Buchholz
c/o PFAD- Zentrum
Stresemannstr. 21
1000 Berlin 61

Braunschweig: *Claudia Fliss, Dipl.-Psych.*
Polzinerstr. 14b
3170 Gifhorn
Tel.: 05371-12528 (Praxis)

Christof Kreimeyer, Dipl.-Psych.
Jeanette Mühlenkamp, Dipl.-Psych.
Praxis:
QUEST- Zentrum
Königstieg 3
3300 Braunschweig
Tel.: 0531-509697

DÄNEMARK ──────────────────────────────

Kopenhagen: *Ian Ratcliffe*
Heslehojallee 8
DK- 2900 Hellerup

GRIECHENLAND ──────────────────────────────

Thessaloniki: *Tania Vosniadou*
21, Vassilis Sophia St.
Saloniki, Griechenland

Melbourne: *Jeff Barlow*
P.O. Box 240
Healesville 3777
Victoria, Australien

ASIEN

JAPAN ─────────────────────────────────

Kanazawa: *Dennis Hoerner*
Kodatsuno 5-9-7
Kanazawa 9210, Japan

SÜDAMERIKA

BRASILIEN─────────────────────────────

Rio de Janeiro: *Rubens Kignel & Esther Frankel*
Rua Real Grandeza 182
Casa 9, C 2281, Rio de Janeiro

Eliani Sigueiro & Sandra Guiamerez
Rua Getulio Das Neves
16 C-4, R.d.J.

Saô Paulo: *Liane Zink*
Rua Maria Figueros 6
No 260, Apt.22
Paraiso, 04002, Saô Paulo

Recife: *José Alberto Cotta*
Praca Professor Bernadino
239/102
Barra Datiguca, Rio de Janeiro

ARGENTINIEN──────────────────────────

Buenos Aires: *Liliana Acero* über: *Eliani Sigueiro*
Corea de Melo 70
Appartement 1801
Leblon 22 430
Rio de Janeiro, Brazil

6. Vordenker der Biosynthese

Ausgewählte Zitate

1. „Erfahrungen in der Biosynthese zeigen, daß es nicht reicht geboren zu sein: wir müssen wiedergeboren werden. Wir wissen, daß ein Kind geboren werden kann, zu normalem Erwachsensein aufzuwachsen und eine Familie zu haben, und doch zum Teil ungeboren zu sein....

Der gesamte menschliche Organismus ist mit einer geordneten Energie geladen, die sich beständig in entstehenden Mustern entladen, die der Geburt ähneln. Jedes Ausatmen eines Atemzuges, jedes gesprochene Wort kann zum Teil die Empfindung der Geburt hervorrufen. Entfaltung ist der Sinn des Lebens. Sie ist die kosmische Grundlage der Geburt. Unsere menschliche Geburt ruft aus dem Kosmos dieselben grundlegenden geordneten Energie-Muster hervor, die auch bereits die Atome und die Sterne des Himmels geschaffen haben."

Francis Mott, 1948

2. „Das wohl grundlegendste Gesetz der unbelebten Natur besagt, daß diese zum Gleichgewicht tendiert, welches im Zustand maximaler Energie und minimaler freier Energie ist.

Wie von Schrödinger recht anschaulich in seinem Buch "What is Life" gezeigt wurde, ist das hauptsächliche Charakteristikum des Lebens, daß es dazu tendiert, Entropie zu verringern. Es tendiert ebenso dazu, seine freie Energie zu vergrößern. Maximale Entropie bedeutet vollständiger Zufall, Unordnung. Leben wird möglich durch Ordnung, Struktur, einem Muster, welches das Gegenteil von Entropie ist. Dieses Muster ist unsere hauptsächliche Bedingung, es hat sich in Billionen von Jahren entwickelt. Das vorrangige Ziel unserer individuellen Existenz ist seine Erhaltung und Vererbung."

Albert Szent Györgi, 1972

3. „Periodische Fluktuationen von höchsten Stufen der Integration hinunter zu frühen oder einfacheren Ebenen und wieder hinauf zu neuen modifizierten Mustern scheinen eine wesentliche Rolle in der biologischen und geistigen Evolution zu spielen.

Seine Universalität findet sich reflektiert in den Mythen von Tod und Wiedergeburt *und der* dunklen Nacht der Seele. *Die Magie von Organregenerationen und von unbewußter Führung in der Kreativität, beide verdanken ihren besonderen Charakter der plötzlichen Reaktivierung morphogenetischer und psychogenetischer Potentiale, die normalerweise im Erwachsenen unter Streß zurückgehalten sind.* "

Artur Koestler, 1964

4. *„Eine integrierte Einheit hat nichts mit einer mechanistischen Summe von Teilchen oder Einheiten zu tun. Es ist die Essenz des Konzeptes der* Integration, *daß die Einheiten individuell für sich selbst existieren und zur gleichen Zeit als ein Bestandteil des Ganzen existieren. Das Konzept des* integrierten Ganzen *beinhaltet keine starren, unveränderlichen Funktionen. Es verändert sich, und deshalb beinhaltet es einen Prozeß.* "

W.Reich, 1950

5. *„ Wir können organische Formen des Lebens als den Ausdruck von Mustern von Prozessen eines geordneten Systems von Kräften betrachten. Diese Betrachtungsweise kann* dynamische Morphologie *genannt werden.* "

L.v. Bertalanffy, 1950

6. *„Der Mittelgrund ist ein empfängliches und aufnahmebereites Stadium; er ist gleichermaßen die Geburt der Form und das Formlose; er ist ein Ort, an dem etwas gezeugt wird, und die Empfängnis selbst rührt uns an. Einfache Ordnungen bereiten komplexere vor. Aus dem augenscheinlichen Chaos entsteht etwas Neues. Jeder Aufbauprozeß hat eine mittlere Phase, in der Ordnungsvorgänge nur eine geringe Rolle spielen.*

Der Mittelgrund ist recht eigentlich eine Embryogenese, ähnlich dem Prozeß der Organbildung, noch ehe der Organismus menschliche Form annimmt. "

Stanley Keleman, 1982 (1979)

7. *„Kommunikation durch Resonanz, welche in den physischen Aspekten des Lebens zu wirken scheint, ist möglicherweise die Grundlage für seine psychischen Manifestationen und enthält eine*

57

der wesentlichen Prinzipien, die der ganzen Evolution, in den physischen, biologischen, sozialen und spirituellen Bereichen, zugrunde liegt."

Erich Jantsch, 1975

8. *"Der Geist empfindender Wesen wandert durch die Gliedmaßen ihrer Körper, und wenn er findet, daß die Muskeln, die er erreicht, antworten, vergrößert er diese, und sobald diese sich vergrößern, verkürzen sie sich, und durch das Verkürzen zieht er die Sehnen, die sie verbinden zurück.*

Hieraus erwacht die Kraft und Bewegung menschlicher Gliedmaßen. Konsequent entsteht so materielle Bewegung aus dem Geist."

Leonardo da Vinci, ca. 1500

9. *" Von früher Jugend an begann ich Menschen, durch, was wir* Sei Tai Soho *(Methode der Integration des Körpers) nennen, zur Gesundheit zu führen.*

Worin bestand die Grundlage dieser Führung? Sie basierte auf der Frage nach dem, wie *ein menschliches Wesen existiert und was getan werden sollte, um seine Stärke zum Leben zu revitalisieren. Die Methode beschäftigte sich mit der Lebens-Energie des Menschen und seinen Wellen von Kontraktion und Expansion.*

Mein Ziel war es, mich nur auf dieses Ki und seine Rhythmen zu konzentrieren und dabei es nicht nur zu nutzen, sondern vielmehr seine verborgenen und schlafenden Lebens-Energien weiter zu entwickeln.

Mein Wissen habe ich nicht auf der Betrachtung des menschlichen Äußeren gegründet, sondern aus dem gewonnen, was innen im Körper ist, den Dingen, *die man nicht sehen kann."*

Haruchiko Noguchi, 1980

10. *"Im rhythmisch-pulsenden und atmenden Gleichgewicht beider innerer Kräftesysteme zueinander und im Gleichgewicht zwischen Innen- und Außenwelt, bewußtseinshafter Auswärtswendung und organisch-unbewußter Einwärtswendung (...) beruht die Gesundheit."*

Otto Hartmann, 1959, S. 583

Literaturliste

Alexander, F.M.:
Der Gebrauch des Selbst. München, Kösel (1988)

Ali, Abdul - Hameed
Essence and Sexuality ,in: Energy and Character,Vol. 15, No. 2 (1984)

Almaas, A.M.:
Essence. Berkeley,CA, Almaas Editions (1986)

Andrade, H.:
Teoria Corpusculo d'Espirito. Saô Paulo, Brazil,
Instituto BioPsychologic (1968)

Assagioli, R.:
*Handbuch der Psychosynthesis. Angewandte
Transpersonale Psychologie*. Freiburg, Aurum Verlag (1978)
*Die Schulung des Willens. Methoden der Psychotherapie und der
Selbsttherapie*. Paderborn, Junfermann (1982)

Boadella, D.:
In the Wake of Reich. London, Coventure (1976)
Stress and Character Structure. (s. Boadella, D. und Smith, D.)
The Charge of Consciousness.Weymouth, Abbotsbury Publications (1979)
Transference, Resonance and Interference.(s. Boadella, D. u. Smith, D.)
Journal of Biodynamik, Psychology, No.3, (1982)
Lifestreams. London, Routledge & Kegan Paul (1986)
Wilhelm Reich- Leben und Werk. Frankfurt/Main, Fischer (1983)

Boadella, D. und Liss, J.:
Terapia Corporal. Rome, Astrolabia (1986)

Boadella, D. und Smith, D.:
Maps of Character, Weymouth, Abbotsbury Publications (1986)

Boyesen, G.:
Über den Körper die Seele heilen. München, Kösel (1987)

Boyesen, G. und M.:
Biodynamik des Lebens. Essen, Synthesis (1987)

Dürkheim, Graf K.:
Vom doppelten Ursprung des Menschen. Freiburg, Herder
Der Alltag als Übung. Stuttgart, Huber

Feldenkrais, M.:
Body and Mature Behaviour. London, Routledge & Kegan Paul (1948)
Bewußtheit durch Bewegung. Frankfurt/Main, Suhrkamp (1978)

Freire, P.:
Pädagogik der Unterdrückten. Reinbeck, Rowohlt (1973)

Jantsch, E.
Die Selbstorganisation des Universums - Vom Urknall zum menschlichen Geist, Hanser, München (1979)

Johnsen, L.:
Integrated Respiration Therapy/Theory. Oslo, University Press (1981)*

Hartmann, O.:
Dynamische Morphologie. Frankfurt/a.M., Klostermann (1959)

Keleman, S.:
Emotional Anatomy. Berkeley, CA, Center Press (1985)*
Dein Körper formt Dein Selbst. Landsberg am Lech, mvg (1986)
Bioenergetisch leben. Landsberg am Lech, mvg (1986)

Klein, M.:
Die Psychoanalyse des Kindes. Frankfurt/Main, Fischer
Ein Kind entwickelt sich. Frankfurt/Main, Fischer

Lake, F.:
Studies in Constricted Confusion. Oxford, Clinical Theology Association (1981)
Klinische Theologie, Nottingham

Lowen, A.:
Körperausdruck und Persönlichkeit. München, Kösel (1985)
Der Verrat am Körper. Reinbek, Rowohlt (1982)

Mott, F.:
The Nature of the Self. London, Allan Wingate (1956)
Configurationale Psychology, Tambridge Wells

Olesen, J.
The Vein Pump in Sickness and Health, in: Energy and Character, Vol. 5, No. 1 (1974)

Pierrakos, J.:
Core Energetik- Zentrum Deiner Lebenskraft. Essen, Synthesis (1987)

Prigogine, J. und Stengers, J.
Dialog mit der Natur, Piper, München (1981)

Raknes, O.:
Wilhelm Reich und die Orgonomie. Frankfurt, Nexus (1983)

Reich, W.:
Charakteranalyse. Köln, Kiepenheuer & Witsch (1970)

Ritter, P.:
Freie Kindererziehung in der Familie. Reinbek, Rowohlt (1978)

Selye, H.:
Stress- mein Leben. Frankfurt/Main, Fischer (1984)

* Diese Titel sind über **TRANSFORM** erhältlich.

Jack Lee Rosenberg
KÖRPER, SELBST & SEELE

Ein Weg zur Integration

Körper, Selbst und Seele beschreibt eine faszinierende neue Therapie - die funktioniert. Dieser innovative Ansatz, der vom Autor des Bestsellers „Totaler Orgasmus" und seinen Mitarbeitern entwickelt wurde, führt zu tiefen und dauernden Veränderungen.

„Dieses Buch verbindet Einsichten der westlichen und östlichen Psychologien, kognitiver und somatischer Wege zur Gesundheit, sowie von alten und neuzeitlichen Grundlagen des Verständnisses vom Menschen. Die weite Perspektive des Autors ist eine willkommene Erlösung von der Enge der meisten Selbstentfaltungssysteme."
Michael Murphy, Mitbegründer des Esalen - Instituts.

„Dr.Jack Rosenberg ist bekannt als einer der kenntnisreichsten lebenden körperorientierten Therapeuten. Sein kreativer Ansatz, Körperspannungen zu lösen, lange zurückgehaltene Gefühle zu befreien und hiermit geistig-seelische und physische Gesundheit zu erzielen, repräsentiert eine ganz besondere Integration zahlreicher therapeutischer Disziplinen."
Dr.Ken Dychtwald, Autor von „Körperbewußtsein"

ca. 380 Seiten, ca. DM 36,-, Auslieferung August ´89
ISBN 3 - 926692 - 12 - x

Jenny James
RAUM ZUM ATMEN

Das Buch „Männer im Bett", ein weiteres Buch von Jenny James, sorgte bereits für großes Aufsehen. Nun erscheint von Jenny James, einer Frau, die sich selbst zu Beginn ihrer Therapie als Nymphomanin bezeichnete - ein Buch über ihre eigene Therapie.

Sie berichtet in einer lebendigen Offenheit und Tiefe über eine 5 - jährige Zeit der Therapie bei dem bekannten Körperpsychotherapeuten David Boadella.

Briefe, Geschichten und Tagebuchaufzeichnungen führen den Leser auf eine Reise in die „inneren Dimensionen" der Psyche und lassen ihn eindringlich nacherleben, wie durch den Atem ungeahnte „Räume" wieder zum Leben erweckt werden.
Ein beeindruckendes Dokument, voller Spannung.

ca. 320 Seiten
ISBN 3 - 926692 - 11 - 1

Fritz Frederick Smith
INNERE BRÜCKEN

Handbuch der Lebensenergie und Körperstruktur

„Innere Brücken" versteht sich als Synthese zwischen östlichen und westlichen Gesundheitssystemen. Diese Verbindung basiert auf dem Konzept, daß Energie als eine fundamentale Kraft in der Natur existiert. Dr. F. Smith beschreibt die alte geheime Lehre der „energetischen Anatomie", welche von den Chinesen und Hindus gelehrt wird. Und er zeigt, daß die traditionellen östlichen Heilmethoden durch die neuesten Erkenntnisse der westlichen Medizin bestätigt werden.

ca. 240 Seiten
ISBN 3 - 926692 - 13 - 8

DIALOG - biodynamische Psychologie

Zeitschrift für Biodynamische und Transformationale Psychologie und Psychotherapie

Nachdem die biodynamische Psychologie in Deutschland bekannter wurde, entstand ein stärkeres Bedürfnis nach Publikationen über Theorie und Methoden. Bisher wurden entweder von einzelnen Personen Aufsätze übersetzt, die jedoch oft schwer zugänglich waren; oder man mußte sich in die englischen und französischen Artikel hineinarbeiten. *DIALOG* ist ein Diskussionsforum und wird sowohl über aktuelle Anwendungsgebiete der Biodynamischen Psychologie berichten, als auch über Weiterentwicklung und neuere Forschung. *DIALOG* lädt ein zum Dialog unter Biodynamiker/innen und Interessenten, die auch ein Forschungsinteresse haben, um miteinander in *DIALOG* zu kommen.

Einige Aufsätze sind zum erstenmal für DIALOG ins Deutsche übersetzt worden. Andere waren bisher unveröffentlicht oder wurden für *DIALOG* geschrieben.

Jeder Band ca. 80-120 Seiten, DM 15,- ; erscheint 1 - 2x jährlich
ISSN 0935 - 3666 • Erstausgabe: ISBN 3-926692-01-4
Bestellung an: **TRANSFORM**, Postfach 4709, 2900 Oldenburg

STRÖME - Rundbrief - Reichianische Körperarbeit

Schwerpunktthema ist die Körpertherapie mit bio - emotionalen Blockierungen aus den ersten Lebensmonaten. Darüberhinaus finden sich Rezensionen, Diskussionen, Infos & Kontakte, um nur einiges zu nennen, was der neue Rundbrief bietet.

Der STRÖME - Rundbrief präsentiert den Versuch, ein Kommunikationsforum für Reichianische Körpertherapieverfahren im deutschsprachigen Raum zu schaffen. Er wendet sich u.a. an diejenigen, die beruflich mit dieser Art von Arbeit zu tun haben oder haben werden.

Der Rundbrief erscheint unregelmäßig, aber mindestens 1 mal pro Jahr, umfaßt 64 Seiten und kostet als Einzelexemplar DM 8,- im Abonnement DM 20,- (für 3 Ausgaben).

Ihre Bestellung richten Sie bitte unter Beilegung eines Schecks oder Briefmarken an :
STRÖME, Grunewaldstr. 54, D-1000 Berlin 62.